CÓMO LA IGLESIA CATÓLICA PUEDE RESTAURAR NUESTRA CULTURA

GEORG GÄNSWEIN

CÓMO LA IGLESIA CATÓLICA PUEDE RESTAURAR NUESTRA CULTURA

Segunda edición

EDICIONES RIALP
MADRID

Título original: *Vom Nine-Eleven unseres Glaubens*

© 2019 *by* Fe-Medienverlag
© 2021 de la edición española traducida por Dᴀᴠɪᴅ Cᴇʀᴅᴀ́
by EDICIONES RIALP, S. A.,
Manuel Uribe 13-15, 28033 Madrid
(www.rialp.com)

Preimpresión: produccioneditorial.com

ISBN (versión impresa): 978-84-321-5344-0
ISBN (versión digital): 978-84-321-5345-7
Depósito legal: M-19712-2021
Impreso en Anzos, S. L., Fuenlabrada (Madrid)

La Iglesia es intolerante en cuanto a sus principios
porque cree, y en su praxis es tolerante, porque ama.
Los enemigos de la Iglesia son tolerantes en cuanto
a sus principios, porque no creen, e intolerantes
en su praxis, porque no aman.

Reginald Garrigou-Lagrange O.P. (1877-1964)

ÍNDICE

PREFACIO.
UNA FELICIDAD RECIA
(Príncipe Asfa-Wossen Asserate)

STAT CRUX DUM VOLVITUR ORBIS: la cruz permanece inmóvil mientras el mundo da vueltas. Este es el lema de la Orden de los Cartujos. Georg Gänswein quiso en su juventud ingresar en dicha orden, según él mismo ha comentado. La «felicidad recia» de los cartujos, como la llamó Goethe, descansa en el silencio contemplativo y la soledad. «Separados de todos, nos unimos a todos para, en nombre de todos, permanecer en la presencia del Dios vivo», como estipulan sus *Estatutos*[1].

Pero las imponderables vicisitudes de la vida dispusieron a Georg Gänswein a una vía distinta. Hoy en día es una de las figuras internacionales más influyentes de la Iglesia católica, además de un orador elocuente. Resistir a la dictadura de los tiempos y vivir decididamente según la verdad de la fe cristiana; estas máximas resuenan una y otra vez en sus discursos. Si inspira es porque aborda las preguntas esenciales de la humanidad y la cristiandad.

---

[1] Cfr. *Estatutos de la Orden de los Cartujos* en http://www.chartreux.org/es/textos/estatutos-libro-4.php#c34

11

En enero 2013, el papa Benedicto XVI consagró a Gänswein, su secretario privado desde hacía diez años, como arzobispo, y le nombró prefecto de la Casa Pontificia. Bajo el mandato del papa Francisco, sucesor de Benedicto, Gänswein continúa sirviendo en el cargo con la diligencia y confiabilidad que lo caracterizan. Entre otros asuntos, está a cargo del calendario oficial del papa, es responsable de su agenda y audiencias y organiza la recepción de los invitados de Estado. Al mismo tiempo, Gänswein sigue trabajando como secretario privado del papa Benedicto XVI. Es una relación de estrecha confianza que se ha desarrollado con los años. Me resulta admirable la capacidad diplomática con la que el arzobispo Gänswein se encarga de todo este conjunto de deberes.

Testimonium perhibere veritati: dar testimonio de la verdad. Gänswein escogió este lema para su escudo episcopal. Estas son las palabras que Jesús dijo: «Tú lo dices: soy rey. Yo para esto he nacido y para esto he venido al mundo: para dar testimonio de la verdad. Todo el que es de la verdad escucha mi voz» (*Juan* 18, 37). En el segundo libro de su trilogía *Jesús de Nazaret*, el papa Benedicto XVI explica así el significado de estas palabras: «[Dar testimonio de la verdad significa] dar prioridad a Dios y a su voluntad por encima de los intereses del mundo y sus poderes. Dios es el criterio del ser». *Veritas* (la verdad) ha sido siempre también un concepto clave en la vida del papa alemán.

«¿Qué es la verdad?» (*Juan* 18, 38); la célebre pregunta de Pilatos en el proceso contra Jesús sobresale como uno de los hilos conductores en las vidas del papa Benedicto y el arzobispo Gänswein. Tiene que ver con la verdad cristiana, «que uno no puede poseer, y a la que solo cabe aproximarse»: Dios se convirtió en hombre. En Él la verdad está ante nosotros. Se ha revelado en la Persona de Jesucristo y nos ha llamado a seguirlo como su viva imagen, por ser nosotros sus hijos.

«En una sociedad en la que el relativismo y el rechazo de las verdades religiosas se consideran lo apropiado, hay que hacer espacio a otra verdad, a otra perspectiva, a un concepto alternativo del ser del hombre», declaró en cierta ocasión Gänswein al recordar el momento en que el papa Benedicto se dirigió al parlamento federal alemán en 2011. «Es urgente que recordemos esto a la gente, una y otra vez». Veo en estas declaraciones la motivación que esconden los discursos recogidos en este volumen.

Como cristiano etíope ortodoxo, siempre he admirado la radical libertad con que la Iglesia de Roma se ha responsabilizado de la verdad. A las iglesias ortodoxas, de un carácter nacional más acusado, las veo más inclinadas a alcanzar compromisos. Me encantó que Gänswein, en la presentación del libro del cardenal Robert Sarah, apuntase que esta libertad de la Iglesia de Roma tenía sus orígenes en un africano; en el siglo V, el papa Gelasio I —el tercero de los papas africanos— formuló la que después se llamó la «doctrina de los dos poderes». Puso la autoridad secular del emperador, el *regnum*, y la autoridad espiritual del papa, el *sacerdotium*, al mismo nivel, aunque en última instancia la autoridad secular quedase sometida a la divina. De este modo, pudo mantenerse el equilibrio entre el poder religioso y el secular durante siglos en la Alta Edad Media. El arzobispo Gänswein, a propósito de esto, comenta lo siguiente en el cuarto de los discursos recogidos en este libro:

La «doctrina de las dos espadas», como se ha venido a llamar la afirmación que se hace en esta carta [del papa Gelasio I], describió la relación entre la Iglesia y el Estado durante aproximadamente los siguientes seiscientos años. Sus efectos indirectos duraron mucho más y son incalculables. El desarrollo gradual de las democracias occidentales hubiera sido impensable sin esta declaración, porque en ella están no solo los cimientos de la soberanía de la Iglesia, sino también de la soberanía de toda oposición legítima [...] Si los actuales Estados occidentales, uno tras otro, comprando la agenda de los grupos de presión globales, socavan la ley natural y tratan de legislar sobre la naturaleza humana, entonces estamos ante algo que va más allá de una fatal recaída en la regla de la arbitrariedad. Se trata de una nueva claudicación ante las tentaciones totalitaristas que siempre han sobrevolado nuestra historia como una oscura sombra.

¿Pero de qué trata realmente esta cuestión de la naturaleza humana? Está en juego nada menos que la correcta comprensión de la dignidad humana según el estándar de la semejanza del hombre con Dios, como subraya Gänswein en su discurso con ocasión del decimoséptimo aniversario de la constitución de la República Federal de Alemania:

> La respuesta católica a la cuestión de la dignidad humana es esta: uno no tiene dignidad humana como tiene una pierna o un cerebro. El hombre no adquiere su dignidad, y por lo tanto no puede perderla. Se da a cada persona incluso antes de que comience su concepción, y forma parte de la voluntad de Dios crear personas a su imagen y semejanza. Así pues, esta dignidad les viene dada y es propia de todas las personas, sin importar de dónde vengan, qué idioma hablen, qué color de piel tengan, carezcan de interés por la política o sean radicales, respeten la ley o la violen. Aunque todos seamos conscientes de ello, reiterémoslo una vez más: se da el mismo caso en los no cristianos. Todas las personas están hechas a imagen y semejanza de Dios.

Mi hogar de origen está en África; soy etíope. Solo puedo declarar mi adhesión de corazón a lo que Gänswein dice cuando, en el mismo discurso, concluye:

> Cualquiera que quiera entender qué representa la «C» en las siglas de los partidos que se hacen llamar cristianos tiene que mirar al pesebre, donde el llanto del recién nacido ya nos susurra al oído en Belén: «¡Dios es el más pequeño!». Esta incomprensible humildad del Más Grande es una preciosa inscripción en el mundo mediante la cual, tras una serie de catástrofes para la humanidad, la dignidad humana pudo ser declarada inviolable. [...] Quien quiera entender por qué incontables personas que atraviesan dificultades huyen a Europa y no a China o a Emiratos Árabes Unidos, debe mirar a ese niño, a quien debemos la base más importante de nuestro mundo

cristiano, que adoptó una forma peculiar y la trasladó a sus medidas sociales, a su voluntad de libertad y a la exigencia de una inviolabilidad para la dignidad humana.

Nuestro trato hacia los parias, a los hambrientos, a los pobres y a los enfermos, y a los extranjeros pone a prueba a diario a nuestra fe cristiana.

Con todo, otro pensamiento emerge siempre en las conferencias de Gänswein: «La Iglesia quiere y no solo debe satisfacer las necesidades materiales del mundo. No es solo Caritas, aunque esa y muchas otras excelentes instituciones católicas en el ámbito social y de la salud ofrezcan un evidente testimonio de la Iglesia».

«Mi reino no es de este mundo», dijo Jesús a Poncio Pilatos (*Juan* 18, 36). En palabras de Gänswein:

El Omega y la meta de la dignidad humana es la santificación de los seres humanos y su reposo en Dios por toda la eternidad. Este es el último horizonte ante el cual nuestra vida puede tener éxito y las iglesias pueden y deben renovarse a sí mismas y al mundo entero que las rodea una vez más. [...] Sabemos que esta dignidad llegará a la perfección solo al final de los tiempos, como también el papa Francisco subraya una y otra vez, porque la categoría definitiva de la vida es vivir con Dios en la eternidad, cuyas puertas celestiales el Hijo de Dios crucificado ha echado abajo de una vez por todas, al resucitar de entre los muertos.

Se dice sobre san Bruno, el fundador de la orden de los cartujos, que en el año 1080 tenía serias perspectivas de ocupar la sede episcopal de Reims en el noreste de Francia. Pero el deplorable estado de los asuntos eclesiásticos se había vuelto tan insostenible para él que rechazó su candidatura y eligió una vida contemplativa.

El itinerario de Gänswein, en mi opinión, se parece más al de san Agustín, que también quiso consagrar su vida a la contemplación, pero luego decidió que en adelante viviría «con Cristo y para Cristo, pero al servicio de todos», como lo describe el papa Benedicto. Los cartujos también saben que en medio de la labor «puede mantenerse el espíritu de oración y soledad». En mi opinión, la vida de Gänswein es justamente un ejemplo de ello, como este libro refleja de una manera maravillosa.

1.
MARÍA, ESTRELLA DE LA MAÑANA[1]

CASTEL GANDOLFO ES UNO de los lugares más bellos de los Montes Albanos, a media hora de Roma en coche, magníficamente situado sobre el lago Albano. Durante siglos ha estado aquí la residencia de verano de los papas, y desde 1934 el Observatorio Vaticano tiene aquí su sede. Fue trasladado de Roma a Castel Gandolfo por el papa Pío XI, porque en ese entonces ya se había vuelto imposible observar el cielo nocturno de la metrópoli, anegada de luz artificial. El mismo papa confió entonces la administración del observatorio a la orden de los jesuitas.

Hace ahora algún tiempo que dos padres jesuitas descubrieron durante sus observaciones astronómicas un nuevo planeta en el firmamento. La noticia dio la vuelta al mundo. En cuanto a mí, el descubrimiento astronómico me hizo recordar que a

---

[1] Homilía en la peregrinación a la iglesia de Maria Verperbild, en Ziemetshausen, en la Solemnidad de la Asunción de María a los Cielos (15 de agosto de 2014).

veces ocurren cosas similares en la doctrina de la fe. Observando el cielo estrellado con instrumentos ópticos cada vez más precisos, de cuando en cuando los astrónomos consiguen descubrir una nueva estrella desconocida hasta entonces. Naturalmente, esta estrella no empezó a existir en el momento de ser descubierta, sino que ya existía desde mucho antes. Lo que ocurre es que nadie la había visto hasta ese instante; los cálculos y las observaciones no habían sido lo suficientemente exactos, los instrumentos habían carecido de la sensibilidad suficiente, y a esa búsqueda le había faltado algo.

Algo parecido ocurre cuando observamos el maravilloso firmamento de las verdades reveladas, que Dios nos ha anunciado a los seres humanos a través de su Hijo Jesucristo y de sus apóstoles. Mediante observaciones más exactas, de cuando en cuando una nueva estrella se descubre (y no simplemente se crea) en el cielo de la revelación divina.

Eso pasó a mediados del siglo XIX: los teólogos, como los astrónomos, habían orientado el telescopio de sus investigaciones hacia la Estrella de la mañana, o *Stella matutina*, como se llama a la Virgen en las letanías lauretanas. Observaron la salida de esta Estrella del alba y descubrieron que su luminiscencia y claridad habían sido inmarcesibles desde un principio.

En otras palabras: los teólogos de la época concentraron sus observaciones e investigaciones en el propio comienzo de la existencia de María, y descubrieron con mayor claridad y de manera inequívoca que desde el momento de su concepción María estaba «llena de gracia», libre del pecado original. Tras esto, el 8 de diciembre de 1854 el papa Pío IX, como maestro supremo de la Iglesia, declaró solemnemente que el descubrimiento de los teólogos era certero; que es una verdad revelada por Dios que ha de ser aceptada y creída por todos los cristianos que María fue concebida inmaculada, esto es, libre del pecado original.

En el siglo posterior a esta declaración infalible los teólogos volvieron a concentrar sus observaciones en la Estrella del alba. Esta vez, sin embargo, no se fijaron en su salida, sino en su ocaso. Descubrieron cada vez con mayor claridad y agudeza que esta Estrella no se oculta, sino que continúa brillando en el otro mundo con un esplendor inagotable, con incluso más intensidad que antes.

Esta vez, los teólogos no estaban preocupados con el comienzo, sino con el final de la vida terrenal de María. Y he aquí que reconocieron que su comienzo radiante como la Inmaculada Concepción tiene por contrapartida su final luminoso: la partida de María sin deterioro, una glorificación de la Madre de Dios en alma y cuerpo. Con creciente claridad pudo saberse algo que había sido parte de la revelación divina desde el principio, y que ya se había creído y celebrado con su propia fiesta durante mucho tiempo, al menos desde el siglo VI o el VII, a saber: al final de su vida, María fue llevada a la gloria del cielo no sólo en su alma inmaculadamente pura, sino también en su virginal cuerpo. No tuvo que experimentar la muerte en su efecto más humillante, es decir, su descomposición, sino que con su Hijo obtuvo la victoria completa sobre el pecado y sus consecuencias, la principal de las cuales es la muerte. Está entronizada en el cielo, en cuerpo y alma, como reina de los ángeles y los santos.

Lo que los teólogos habían averiguado a lo largo del tiempo con creciente claridad acerca de la Estrella del alba en el cielo de la revelación divina no era ni una percepción errónea ni el producto voluntarioso de la celosa devoción mariana de los fieles, sino que era y es *la* verdad, que encontró su confirmación cuando el papa Pío XII declaró solemnemente la Asunción como dogma el 1 de noviembre de 1950. Al final de su vida terrenal, María ascendió, en cuerpo y alma, a la gloria del cielo, y su Asunción no fue tanto una excepción como la anticipación de aquello por lo que todos pasaremos algún día si, como María, demostramos ser fieles en la custodia de los mandamientos de Dios y en nuestro amor por Dios, quien nos creó para que pudiésemos conocerlo y amarlo.

Por lo tanto, tenemos razones de sobra para regocijarnos de todo corazón en la fiesta de la Asunción de María al cielo, como hicieron los católicos cuando Pío XII proclamó este artículo de fe en la fiesta de Todos los Santos en 1950. Aunque las Sagradas Escrituras no digan nada explícitamente sobre la Asunción, aunque solo la mencionen como entre paréntesis, la Virgen, la Madre de Dios, con el poder de su Divino Hijo se convirtió verdaderamente en la mujer que aplastó la serpiente (*Génesis* 3, 15). Incluso si la Tradición, esa transmisión boca a boca de la fe durante los primeros siglos de la cristiandad, calla aparentemente sobre la Asunción, es verdad que la Iglesia se fue convenciendo con los siglos de lo que el papa Pío XII definió como verdad de fe revelada por Dios: *Assumpta est Maria in coelum*; María ascendió a los cielos en cuerpo y alma.

Esta estrella del dogma de la Asunción de María al cielo ilumina la oscuridad de un tiempo, el nuestro, en que el positivismo superficial se ha extendido como una virulenta epidemia. En este funesto sistema de impiedad práctica no hay lugar para Dios, ni hay diferencia entre espíritu y materia, alma y cuerpo. Tampoco hay existencia continuada alguna para el alma después de la muerte, ni, en consecuencia, esperanza alguna de otra vida en el próximo mundo. En oposición a esta doctrina falsa, de fatales consecuencias, el dogma de la Asunción de María al cielo en cuerpo y alma viene a mostrar, a través de un ejemplo concreto, que el espíritu es lo que aviva, anima y transfigura la materia desde el principio; que el alma es inmortal; que el cuerpo, junto con el alma, está destinado a alcanzar la felicidad eterna; y que, por tanto, la esperanza de otra vida no es vana, sino algo que será verdaderamente realizado, porque con la muerte no todo se acaba; más bien, la vida comienza realmente en ese instante.

Así es como la estrella del misterio de la Asunción de María al cielo, que hoy celebramos tan solemnemente, puede brillar en la oscuridad de nuestro tiempo. Creamos de corazón como creyentes la admonición del gran devoto mariano san Bernardo de Claraval:

Quienquiera que seas: cuando sientas durante esta existencia mortal que flotas en las aguas traicioneras, a merced de los vientos y las olas, en lugar de caminar seguro sobre la tierra estable, ¡no apartes la vista del esplendor de esa estrella que te guía para que no te sumerja la tempestad! Cuando las tormentas de la tentación estallen sobre ti y seas lanzado hacia las rocas de la tribulación, mira a esa estrella, llama a María. Cuando seas golpeado por las olas del orgullo, la ambición, el odio o los celos, mira hacia la estrella e invoca a María. Si estás preocupado por la atrocidad de tus pecados, y sobrecogido ante la idea del terrible juicio venidero, y comienzas a hundirte en el abismo de la tristeza, piensa en María, ese radiante Lucero del alba, que a pesar de la oscuridad te señala la dirección correcta y te muestra el camino.

María es el primer ser humano al que se le concedió la plenitud de la salvación. En el sí que dio a María, Dios nos dijo sí a todos. La realidad completa de este sí se manifestará al final de los tiempos en la consumación del mundo. Pero incluso ahora, los rayos de la gracia de Dios nos alcanzan a nosotros, los seres humanos, a veces sencillamente tras una larga oración, a veces de un modo completamente asombroso.

Las numerosas placas votivas que hay en este lugar de peregrinación dan fe de ello. En ellas se lee a menudo: «María ha ayudado». Tras estas palabras está lo que muchas personas experimentan a diario: que nuestro mundo no es una empresa en bancarrota y dejada de la mano de Dios, y que nuestras oraciones y sufrimientos no son en vano. Dios nos guía, aunque a menudo misteriosamente. Quiere guiarnos de la mano de María. Tomemos esa mano con gratitud y confianza, y ella nunca nos dejará ir. Amén.

2.
LA «DESMUNDANIZACIÓN» Y LA NUEVA EVANGELIZACIÓN

¿Eslogan o verdadero lema para reformar la iglesia?[1]

EN EL PREFACIO DE SU LIBRO *Introducción al cristianismo*, basado en una serie de clases a estudiantes de todos los departamentos de la Universidad de Tubinga en el curso 1967-1968, Joseph Ratzinger cuenta la vieja historia de Hans el Listo, quien, para hacer su camino más llevadero, intercambió un trozo de oro que tenía, que le resultaba entonces demasiado pesado, sucesivamente «por un caballo, una vaca, un ganso y una piedra de afilar, que finalmente arrojó al agua. No perdía mucho; al contrario: lo que ganaba a cambio, pensaba, era el precioso regalo de una libertad completa».

Para Ratzinger, era una metáfora de un modo de hacer teología: la de quien, por seguir las modas y, en última instancia, por comodidad, malinterpreta gradualmente las afirmaciones de la fe. Se diría que el mismo destino corrió el discurso

---

[1] Discurso de apertura del año académico en la Universidad Filosófica-Teológica Benedicto XVI, abadía de Heiligenkreuz, en el Bosque de Viena (1 de octubre de 2015).

impartido en la sala de conciertos de Friburgo el 25 de septiembre de 2011, durante su visita a Alemania. El objeto precioso que teníamos en nuestras manos nos parecía más bien una pesada piedra de afilar, una carga de la que había que deshacerse de inmediato.

Tan pronto como pronunció la última frase en la sala de conciertos, los comentaristas se empeñaron en asegurarse de lo que el papa Benedicto *no* había mencionado, lo que *no* había querido decir. Pero sus palabras no abogaban por una separación más fuerte entre Iglesia y Estado, ni aludían a los impuestos sobre el clero. Una de las valoraciones concluyó que se trataba de un «discurso espiritual». Con esta expresión quería mitigarse la naturaleza obviamente controvertida del discurso, que fue cualquier cosa menos plano e intrascendente, y desató finalmente una ola de discusiones y ensayos críticos.

Para que la Iglesia pueda llevar a cabo su misión, dijo el papa, «debe en toda ocasión tomar distancia de su entorno, "desmundanizarse" hasta cierto punto».

Con esta expresión, «desmundanización», que va ganando enteros como eslogan, el papa sorprendió a muchos oyentes, y a algunos incluso los desconcertó. Algunas voces se alzaron para expresar el temor de que el papa hubiese revocado el Concilio Vaticano II y su requisito de abrirse al mundo, dañando de ese modo el núcleo del cristianismo: Dios dirigiéndose al mundo mediante la Encarnación. ¿Quería acaso que la Iglesia volviese a ser una estructura ajena a la vida y que se mantuviese alejada de la suciedad y miseria del mundo?

Estas preguntas e inquietudes no se plantearon retóricamente. Afectaron a muchas personas. Pero erraron al interpretar la preocupación del papa Benedicto XVI, porque captaron solo una de las dos direcciones fundamentales a las que el papa aludió. La fe cristiana reconoce tanto el movimiento de Dios hacia el mundo, que alcanzó su culminación inigualable en la Encarnación de la Palabra de Dios en Jesucristo, como el necesario movimiento de distanciamiento del mundo, porque la

24

fe no ha de conformarse a los estándares del mundo ni ha de quedar enredada en su trama.

El papa habló con toda claridad en Friburgo sobre la primera de las direcciones de la fe y la Iglesia:

La Iglesia está inmersa en el hecho de que el Salvador se dirige a las personas. Cuando es realmente ella misma, está siempre en movimiento, ha de ponerse en todo momento al servicio de la misión que ha recibido del Señor. Y por eso tiene que abrirse una y otra vez a las preocupaciones del mundo, al que pertenece, y entregarse a ellas para hacer presente y continuar el sagrado intercambio que comenzó con la Encarnación.

Desde el punto de vista teológico del papa, el lado de la Iglesia que se vuelve hacia el mundo es consecuencia sobre todo del lugar que ocupa la Eucaristía como núcleo sacramental del cristianismo, y tiene su expresión en que no puede haber un límite definitivo entre la liturgia y la vida. El papa Benedicto lo subraya: «La *caritas*, el cuidado del otro, no es un sector adicional del cristianismo junto al culto; está más bien enraizado en él y forma parte de él. Lo horizontal y lo vertical están inseparablemente unidos en la Eucaristía, en el acto de compartir el pan».

No hay llamada alguna a declinar la responsabilidad que la Iglesia tiene con el mundo y ni siquiera hay alusiones a una huida del mundo en el pensamiento teológico del papa Benedicto. Por otra parte, quien ha destacado tan decididamente el vínculo con el mundo de la fe y la Iglesia tiene no solo el derecho, sino además el deber de prevenir ante el peligro de una adaptación autosuficiente de la Iglesia a las sugerencias del mundo, y tiene también el deber de recordar el juicio bíblico que afirma que la Iglesia *está* en el mundo, pero no *es* de este mundo. Esta advertencia busca una vez más mejorar la comprensión de la misión de la Iglesia: «Cuando la Iglesia se hace menos mundana, su testimonio misionero brilla con más fuerza. Una vez liberada de sus cargas y privilegios materiales y políticos, la Iglesia puede llegar con más efectividad y de un modo verdaderamente cristiano al mundo entero, puede entonces abrirse verdaderamente al mundo».

Dicho esto, también debería ser evidente que es erróneo sospechar que con su programa de «desmundanización», el papa Benedicto XVI se remonte a la época anterior al Concilio Vaticano II. Antes bien, puede aprovechar las perspectivas esenciales que se desarrollaron en dicho concilio, por ejemplo, la llamada a una Iglesia que acoja a los pobres y la demanda de que renuncie voluntariamente a los privilegios mundanos para fortalecer así su credibilidad. Merece la pena recordar en este punto que el segundo capítulo de la constitución dogmática *Lumen Gentium*, que describe a la Iglesia como Pueblo de Dios, fue incluido sobre todo para resaltar deliberadamente la dimensión escatológica de la Iglesia. Porque la imagen del Pueblo de Dios apunta al carácter transitorio de la Iglesia en la historia: su permanencia solo se mantendrá mientras viaje a través de este tiempo mundano. Así pues, esta imagen de la Iglesia como Pueblo de Dios también pone de manifiesto su disposición a distanciarse una y otra vez de su enraizamiento histórico en las configuraciones políticas y sociales del pasado, y su intención de afrontar nuevos desafíos.

Los cristianos viven en el mundo y son llamados a servir al mundo y a trabajar en él. Pero no han de conformarse al mundo. Por esta razón se producirán inevitablemente fricciones entre la esfera del mundo y la esfera de la cristiandad, algunas de las cuales pueden llegar al odio hacia quienes en los tiempos actuales no dejan sencillamente que la corriente del mundo se los lleve por delante. Para evitar este odio, los cristianos y la Iglesia experimentan una y otra vez la tentación de conformarse al mundo y querer ser como el resto. Tenemos un célebre e infame ejemplo en la institución del reino en el pueblo de Israel.

Resulta que el reino, del cual emergerá el Mesías, no fue originalmente planeado ni querido por Dios. Su establecimiento debe más bien entenderse como la expresión de una desmesurada rebelión del pueblo de Israel contra Yahvé, como una señal de su apostasía de la verdadera voluntad de Dios y como consecuencia de un exceso de adaptación de Israel al mundo. Tras alcanzar la Tierra Prometida, el pueblo no tenía gobernantes, sino jueces que no podían impartir justicia por sí mismos; solo se les permitía aplicar la ley de Dios, porque solo Dios era rey en el pueblo judío. Israel llegó a ser su propio reino solo por su empeño en adaptarse al mundo que lo rodeaba. Se volvió celoso de los pueblos de su entorno; todos tenían su rey, e Israel quiso ser como ellos. En vano el profeta Samuel le dijo al pueblo que si exigía un rey perdería su libertad y sufriría la servidumbre. La realeza en Israel es, por tanto, la expresión drástica de su rebelión contra la exclusiva realeza de Dios. Fue una verdadera contravención de su elección divina que el pueblo se negase a escuchar a Samuel: «No importa. Queremos que haya un rey sobre nosotros. Así seremos como todos los otros pueblos. Nuestro rey nos gobernará, irá al frente y conducirá nuestras guerras» (*1 Samuel* 8, 19-20).

Hoy en día, los cristianos ya no queremos reyes. Pero ¿no es verdad que queremos ser demasiadas veces como los otros? Querer ser como otros pueblos es una tentación fundamental de la Iglesia actual. Es especialmente eficaz allá donde el esencial término conciliar «Pueblo de Dios» se entiende cada vez menos desde una perspectiva bíblica, y cada vez más desde un punto de vista sociológico.

La historia del Antiguo Testamento sobre el establecimiento del reino en Israel y su honda inclinación a ser como los demás es una advertencia permanente para nosotros. El Pueblo de Dios debe estar siempre en guardia ante la opción de conformarse al mundo. La adaptación que se pide una y otra vez a los cristianos y a la Iglesia no es principalmente una adecuación a los tiempos modernos y a su espíritu, sino la adaptación a la verdad del Evangelio: «La crisis de la vida de la Iglesia no procede en última instancia de las dificultades para adaptarse a nuestra vida moderna y a nuestra actitud ante la vida, sino más bien de las dificultades para adaptarse a aquello en lo que radica nuestra esperanza y de cuyo ser, su altura y profundidad recibe su camino y su futuro: Jesucristo y su mensaje del "Reino de Dios"».

A la luz de este reconocimiento, las preocupaciones centrales del papa Benedicto XVI, que él asocia con el término «desmundanización», brillan aún con más fuerza. A esta luz, por supuesto, lo primero que se hace visible es la sombra, esto es, la crisis elemental en la que se encuentra hoy la Iglesia. Lo primero que salta a la vista es una crisis pastoral. Surge cada vez más clara la pregunta de qué hacemos realmente en el cuidado pastoral cuando bautizamos a niños cuyos padres no tienen conocimiento de la fe y la Iglesia, o cuando llevamos a hacer la Primera Comunión a niños que no saben a quién recibirán en la Eucaristía; cuando confirmamos a jóvenes para quienes el sacramento no significa la incorporación definitiva a la Iglesia, sino su despedida; y cuando el sacramento del matrimonio solo sirve para embellecer una celebración familiar. Por supuesto, no hay respuestas rápidas y fáciles a estas preguntas, pero han de tomarse en serio, porque son verdaderos desafíos.

Tras la crisis pastoral se esconde una crisis aún más profunda: hoy estamos en medio de un cambio de época, pero no vislumbramos nuevos horizontes que nos indiquen cómo debería continuar. Vivimos actualmente el «final» de una época en la historia de la Iglesia, que puede describirse como «constantiniana». La estructura general en la que se basa la práctica pastoral se desmorona cada vez más. Los pilares sociales de la Iglesia del Pueblo, que hasta ahora habían sido «convertirse en cristiano» y «ser iglesia», están desapareciendo paulatinamente. Cristianismo y pertenencia a la Iglesia ya no forman parte del ámbito eclesiástico popular, sino que se están convirtiendo cada vez más en cuestión de decisiones personales tomadas por individuos. De ahí que la forma anterior, popular, de la Iglesia, no pueda ser el modelo al que se oriente el futuro de la Iglesia en el nuevo milenio.

Sin embargo, hoy en día hay muchas voces en la Iglesia que en gran medida presuponen y no ven problema alguno en esta visión de la Iglesia popular heredada históricamente que consiste en «ser iglesia». Esto no hace sino perpetuar la situación, pues se sigue contando con una práctica pastoral orientada popularmente, que lleva a acompañar en todos los ámbitos y a preservar los derechos adquiridos. Quienes apuestan por estas tendencias o miran hacia atrás a lo que queda en funcionamiento de esa Iglesia popular, o lo hacen con cierta complacencia o bien se quejan amargamente de lo que ya no funciona, como el pueblo de Israel en el desierto, que anhelaba las ollas de carne de Egipto e hizo de Moisés su chivo expiatorio (*Éxodo* 16, 3).

En contraste con estas estrategias «conservadoras», que a la gente le gusta considerar especialmente progresistas, se alza la convicción del papa Benedicto de que la Iglesia solo podrá hallar una buena senda hacia el futuro si tiene en cuenta esta nueva situación eclesiástica y se expone a los cambios que se están produciendo. Este enfoque incluiría su disposición a repensar los privilegios convencionales y sus especiales beneficios (por ejemplo, la soberbia estructura organizacional de la Iglesia) y hacer sitio a esta pregunta: bajo estas estructuras, ¿existe una fuerza espiritual correspondiente, la fuerza de la fe en el Dios vivo? Tras diagnosticar un «exceso de estructuras respecto al espíritu», el papa llegaba a la siguiente conclusión: «La verdadera crisis de la Iglesia en el mundo occidental es una crisis de fe. Si no logramos una verdadera renovación de la fe, todas las reformas estructurales serán ineficaces».

Resulta entonces que esa «desmundanización» no es una exigencia que Benedicto XVI lleve a la Iglesia desde fuera. Con esta expresión clave saca más bien las consecuencias que de suyo se desprenden de una observación atenta de la situación actual de la Iglesia.

Para comprender en mayor profundidad este aspecto, hemos de recordar que Joseph Ratzinger ya se había enfrentado a estas cuestiones fundamentales con anterioridad, extrayendo conclusiones de gran alcance en las que ya estaba muy presente su visión actual. Hace casi sesenta años, en 1958, en un artículo que llevaba el significativo título "Los nuevos gentiles y la Iglesia", trazó el camino histórico de la Iglesia desde los pequeños rebaños perseguidos a la Iglesia universal, y hasta la época en que la Iglesia era en gran parte colindante con el mundo occidental. Ya en los años cincuenta, Ratzinger había percibido el nuevo desafío: en nuestro tiempo esa congruencia histórica es «solo una nueva apariencia» que encubre la verdadera índole de la Iglesia y el mundo, e impide en cierta medida a la Iglesia abordar sus necesarias actividades misioneras. «De modo que, tarde o temprano, con el consentimiento de la Iglesia o sin él, tras el cambio estructural interno vendrá otro, desde fuera, que hará de ella un *pusillus grex* [un "pequeño rebaño"]».

Joseph Ratzinger estaba convencido de que, a la larga, la Iglesia no se ahorrará el trabajo

> de tener que desmantelar pieza por pieza esa apariencia de asemejarse con el mundo para volver a ser lo que es: una comunidad de creyentes. De hecho, su fuerza misionera solo puede crecer a costa de esas pérdidas externas. Solo cuando deje de ser una cuestión barata que se dé por supuesta, solo cuando vuelva a presentarse como lo que es, será capaz de llegar nuevamente con su mensaje a oídos de los nuevos gentiles, que hasta ahora han podido pensar ilusioriamente que no son paganos en absoluto.

En este texto inequívocamente claro se puede ver todo el programa de «desmundanización» de la Iglesia que el papa Benedicto planteó a la Iglesia en Alemania. En esta misma dirección se expresaba convencido Joseph Ratzinger en los años sesenta, en cuanto a que de la crisis de la Iglesia saldrá su renovación: esto es, que emanará un gran poder de una «Iglesia más simple y más hacia dentro».

Este lema, la «desmundanización», nos conmina a una discusión intensa sobre la calidad de esta crisis que vivimos actualmente en la Iglesia. Del mismo modo que un médico solo puede recetar una terapia eficaz si cuenta antes con un diagnóstico claro, en la Iglesia solo podremos caminar por una senda común hacia el futuro si tenemos claro el diagnóstico respecto a las infecciones peligrosas a las que nos exponemos. Pero eso es justamente lo que no funciona.

A primera vista, hay que hablar antes que nada de una profunda crisis de la Iglesia que se viene articulando desde los años sesenta bajo el eslogan «Jesús sí, Iglesia no». Porque este lema eleva ya la mencionada crisis al nivel de la fe, ya que no puede separarse a Jesús de la Iglesia que él quiso y en la que está presente, y no puede comprenderse la verdadera naturaleza de la Iglesia sin Cristo. El papa Benedicto también puso el dedo en esa llaga durante su visita a Alemania:

> Mucha gente solo ve la forma externa de la Iglesia. De ahí que se les aparezca solamente como una más de las muchas organizaciones dentro de una sociedad democrática, en función de cuyas normas y leyes se debe juzgar y tratar ese engorroso mastodonte que es la «Iglesia». Si también existe la dolorosa experiencia de que hay frutos buenos y malos, trigo y malas hierbas en la Iglesia, al fijarse la vista en lo negativo queda oculto el gran y hermoso misterio de la Iglesia. No queda ya alegría alguna por pertenecer a esta cepa a la que llamamos «Iglesia».

La controversia que realmente hemos de afrontar puede describirse como «Jesús sí, Cristo no», o «Jesús sí, el Hijo de Dios no». Solo esta fórmula aclara la perturbadora pérdida de significado de la fe cristiana en Jesús como el Cristo que constatamos en nuestro tiempo. Porque hasta en la Iglesia hay gente que no consigue ver en el hombre Jesús el rostro del Hijo de Dios. Lo ven sencillamente como un hombre, muy bueno y excepcional, pero solo un hombre.

La fe cristiana se sostiene o se cae en función de cómo contemple el credo cristológico. Si Jesús solo hubiese sido humano, se habría perdido irrevocablemente en el pasado, y solo nuestros propios recuerdos distantes podrían traerlo con mayor o menor claridad hasta nuestro presente. Pero entonces Jesús no sería el único Hijo de Dios, por quien vivimos, Dios con nosotros. Solo si en verdad creemos que Dios mismo se hizo hombre y que Jesucristo es verdadero hombre y verdadero Dios, y por lo tanto participa de la presencia de Dios que abarca todos los tiempos, puede entonces Jesucristo ser nuestro verdadero contemporáneo y luz de nuestras vidas. Solamente si Jesús no fue sencillamente un ser humano de hace dos mil años, solo si también vive hoy como Hijo de Dios, podemos experimentar su amor y encontrarnos con Él, sobre todo en la celebración de la Sagrada Eucaristía.

Dado que la confesión de Cristo siempre lleva consigo la creencia en el Dios vivo, que entró en la historia de la humanidad, se hizo carne y vivió como una persona entre las personas, también es evidente que la crisis actual de la fe en Cristo está escalando radicalmente hacia una crisis de la creencia en Dios mismo. La actual crisis de fe que estamos presenciando consiste en un gran desvanecimiento del Dios bíblico cristiano como un Dios presente y activo en la historia: «Si Dios existe, tal vez desencadenase el Big Bang, pero es todo lo que queda de Él en el mundo ilustrado. Parece casi ridículo imaginar que se preocupa de lo que hacemos o dejamos de hacer, dado lo minúsculos que somos respecto al tamaño del universo. Desde esta perspectiva, parece mitológico atribuirle acciones en el mundo».

No hace falta decir que un Dios entendido de manera tan deísta no debe ser temido ni amado. Falta la pasión elemental por Dios que caracteriza a la fe cristiana; y ahí radica la más profunda necesidad de fe que exige nuestro tiempo.

En el trasfondo de este diagnóstico, se comprende el remedio que el papa Benedicto propone: volver a colocar la cuestión de Dios en el centro de la vida de la Iglesia y de la predicación. En esta centralidad de Dios resplandece también el núcleo más íntimo de lo que debe entenderse con el término «desmundanización». «No ser de este mundo» significa, en sentido bíblico, ser de Dios y conformar la propia vida en torno a Dios.

«Desmundanización» significa ante todo redescubrir que el cristianismo es, en su esencia, creer en Dios y vivir en una relación personal con Él, y que todo lo demás es consecuencia de ello. Dado que la nueva evangelización consiste esencialmente en llevar a Dios a las personas y acompañarlas en su relación personal con Dios, la nueva evangelización y la «desmundanización» son dos caras de la misma moneda.

La centralidad de la cuestión de Dios y la predicación cristocéntrica son los contenidos elementales en juego en esta «desmundanización» que ha de emprender la Iglesia, y que lleva a su verdadera renovación: una renovación que no proviene de fuera, sino de sus propias entrañas. La llamada de Benedicto a la «desmundanización» como un programa de reforma de la Iglesia católica enfocado en lo esencial significa, simplemente, dar testimonio de la fe.

De hecho, la propuesta de esta «desmundanización» tiene como objetivo dar testimonio. El programa no consiste, por tanto, en alejarse del mundo, sino en que ese testimonio misionero de una Iglesia que no es de este mundo no solo salga a la luz, sino también que parezca creíble.

Los cristianos no pueden elegir en qué tiempo vivir. Las respuestas que demandan no pueden ser simplemente una repetición de las que obtuvieron las generaciones anteriores. La Iglesia en su conjunto, después del giro emprendido con Constantino y tras dos mil años de historia, no puede regresar a la comunidad primitiva. También ella tiene que encontrar respuestas para su forma de vida que traduzcan fielmente su forma inicial. La pregunta es si los católicos, al aferrarse a lo tradicional y temer ante lo desconocido, seguirán justificando el preciado tesoro del discurso de la sala de conciertos de Friburgo hasta despojarse finalmente de él como de una piedra de molino, o si, inspirados en Benedicto XVI, correrán el riesgo de redescubrir la Iglesia como «algo completamente nuevo», discutirán con determinación y se atendrán a las consecuencias que resulten de su diálogo con la sociedad.

Estamos tratando con una mayoría de no cristianos y de cristianos que no conocen la fe y la Iglesia, y que ya no encuentran nada que merezca la pena cuestionar en su forma anterior. Este hecho parece ir abriéndose camino lentamente en nuestras conciencias, de modo que aún no se ve reflejado en la predicación y en el lenguaje de la Iglesia. Al nivel del cuidado pastoral de los más próximos, un buen punto de partida sería comprobar si la homilía y la catequesis dominical o festiva resultan comprensibles por quienes no hablan el idioma interno de la Iglesia. Ser conscientes de esta inmensa tarea es el requisito previo para iniciar una nueva vida en la Iglesia. Porque la nueva evangelización no constituye una tarea adicional, sino que significa sencillamente un cambio de perspectiva para la Iglesia y sus creyentes.

3.
DE ORIENTE A OCCIDENTE[1]

HACE NUEVE DÍAS, EL 3 DE OCTUBRE, una pareja judía que se encontraba en su ruta sabática hacia el Muro Occidental fue asesinada a puñaladas en la calle Al Wad en la ciudad vieja de Jerusalén, a pocos pasos de la puerta de acero del «Hospicio Austriaco». Fue una noticia impactante. Ya ni nos acordábamos de asesinatos de este tipo. Ha hecho que muchos teman una tercera Intifada en Tierra Santa. El joven palestino que perpetró el acto fue abatido a disparos por las fuerzas de seguridad israelíes. Venía de El-Bireh, cerca de Ramallah, donde, según la tradición, María y José se dieron cuenta de que Jesús ya no los acompañaba a su regreso a Nazaret, y donde se dieron la vuelta y partieron nuevamente hacia Jerusalén en busca de su hijo. Es muy probable que María y José corriesen preocupados por la calle Al Wad en su camino de regreso a Jerusalén en dirección

______

[1] Palabras de presentación de un libro sobre el Hospicio Austríaco en Jerusalén, pronunciadas en Santa Maria dell'Anima (Roma, 12 de octubre de 2015).

al templo, del que en la actualidad solo se conserva el muro occidental. Debieron pasar apresurados por el lugar donde se encuentra el hospicio de peregrinos de la Sagrada Familia, que lleva allí más de ciento cincuenta años.

Es seguro que Jesús, María y José pasaron por aquí muchas veces; el lugar debía resultarles familiar. El retablo de la capilla del hospicio recoge este motivo con mucha viveza. Muestra a la Sagrada Familia con el Jesús de doce años en su camino desde Galilea hasta Jerusalén. Les queda por delante la última y más ardua parte del ascenso; pero ya se disciernen claramente los contornos de la ciudad y José, el padre adoptivo de Jesús, le muestra el camino a los lugares santos.

Hasta aquí la topografía del Hospicio Austríaco en Jerusalén. No está lejos del destino final de todos los cristianos que peregrinan a Jerusalén: la tumba vacía de nuestro Señor y Salvador. Cada paso que damos aquí sigue la estela del Salvador. La imponente casa en una esquina de la Vía Dolorosa señala un punto focal de la historia del mundo que nunca desaparecerá. Su legendario techo plano es algo así como el techo del mundo. Desde allí arriba, a la izquierda, casi se puede tocar con las manos la dorada Cúpula de la Roca, que se alza desde hace más de mil años sobre el lugar donde se encontraba el *Sanctasanctórum* del templo judío hace dos mil años. Ese era el templo que Jesús llamó «la casa de mi Padre», desde el Monte de los Olivos. Allí Jesús sudó sangre; allí arriba lloró por Jerusalén. A la derecha, las cúpulas de la tumba y la Basílica de la Resurrección se elevan sobre la colina del Gólgota desde el laberinto de casas del casco antiguo. Allí nuestro Señor fue clavado en la cruz y tres días después, en otro lugar que está a un tiro de piedra, en el Santo Sepulcro, regresó para siempre del reino de los muertos a la tierra de los vivos. En el Monte Sion, al sur, vemos la imponente rotonda de la abadía benedictina alemana de la Dormición, donde su madre se durmió. Esta Abadía de Hagia María es un lugar inconcebible, un desafío para los sentidos. Desde el tejado del Hospicio se escuchan las campanas de la ciudad, las llamadas a la oración de los muecines, muchas sirenas y el viento silbante de Jerusalén, que ya se ha llevado el último grito de Jesús.

Al mismo tiempo, esta pacífica casa parece como de otro mundo, de otro planeta, cuando salimos del bazar oriental en la calle Al Wad y entramos en una casa de los Habsburgo, un reflejo del orden austríaco. En un paso nos trasladamos de Oriente a Occidente: del corazón de Tierra Santa al corazón de Europa. No hay muchos lugares así. En el Hospicio Austríaco estamos en medio de los acontecimientos mundiales. Por eso acepté con mucho gusto presidir la instalación de una reliquia del beato emperador Carlos en la capilla de la casa de los peregrinos, durante la fiesta de la Ascensión de Cristo el pasado mes de mayo. Y tengo que admitir que disfruté del lugar como un niño. Por lo tanto, me complace presentar este libro sobre el Hospicio aquí, en Santa Maria dell'Anima, un libro que con suerte introducirá a muchos lectores en este fascinante albergue de la Iglesia católica en Jerusalén, donde uno puede dejar que nuestro mundo, con sus consustanciales tensiones encerradas en una especie de cáscara de nuez, lo maraville y lo asombre.

Por eso me parece importante que se presente hoy este magnífico volumen, no solo en las casas de peregrinos de Jerusalén y Viena, sino también aquí, en Roma, en el Instituto Pontificio Santa Maria dell'Anima. Porque este también es un enclave legendario de la Casa de los Habsburgo y una especie de cápsula del tiempo del desaparecido Sacro Imperio Romano Germánico en medio de la capital italiana. Ambas casas, el Hospicio y el «Anima», tienen conexiones con Viena que se remontan a mucho tiempo atrás. Gran parte del glamur de la antigua metrópolis de los Habsburgo y la proverbial *pietas austriaca* se refleja en ambas casas.

La historia del «Anima» es siglos más antigua que la del Hospicio Austríaco, aunque, naturalmente, la propia Jerusalén tiene raíces mucho más profundas. Aquí la historia de la Revelación en general y del cristianismo en particular se puede comprender con las manos y medir con los pies. La Iglesia vio la luz en Jerusalén. Solo el cristianismo, y ninguna otra religión, proviene de esta ciudad. Esa historia puede respirarse en ese lugar: la historia de la Encarnación de Dios, que desde el Hospicio se despliega en sus aspectos esenciales como en un caleidoscopio. En la cuarta estación del Vía Crucis, al otro lado de la calle, encontramos un mosaico bizantino-armenio del siglo VI que representa unas pequeñas sandalias de mujer junto a las huellas de Jesús. Aquí se dice que María se encontró con su hijo torturado camino al Calvario, Él con la corona de espinas en la cabeza y la cruz en el hombro ensangrentado. De ahí que los peregrinos difícilmente puedan encontrar un alojamiento más conmovedor antes de partir desde aquí, por la mañana, hacia el Santo Sepulcro, y hacia la primera liturgia solemne de los franciscanos frente a la tumba. ¡Porque en esta basílica todos los días es Viernes Santo y Pascua!

En el prólogo a este libro, el cardenal Schönborn cita el siguiente extracto del *Ecclesia in Medio Oriente* del papa Benedicto XVI:

En esta tierra elegida por Dios de manera especial anduvieron los patriarcas y los profetas. Fue el glorioso escenario de la Encarnación del Mesías, vio la cruz del Salvador asomándose y fue testigo de la resurrección del Salvador y el derramamiento del Espíritu Santo. Recorrido por los apóstoles, los santos y muchos Padres de la Iglesia, fue el crisol de las primeras formulaciones dogmáticas.

En el mosaico del ábside de la capilla del Hospicio, bajo el libro apocalíptico de los siete sellos sobre los que descansa el Cordero de Dios, volvemos a encontrarnos con algunos de estos peregrinos. En el medio nos mira severamente el Padre de la Iglesia Jerónimo de Dalmacia, a quien debemos la primera traducción latina de toda la Biblia, en la que estuvo trabajando en Belén junto a la Gruta de la Natividad. Ya en el siglo IV, san Jerónimo dijo que además de los cuatro Evangelios, hay un quinto:

la propia Tierra Santa, que, por así decirlo, abre y explica los primeros cuatro Evangelios. Esta observación no ha perdido un ápice de relevancia en nuestros días.

San Jerónimo también está rodeado por algunos santos populares de la monarquía de los Habsburgo, desde san Leopoldo a san Esteban, de san Wenceslao a san Estanislao y san Florián. Esta asamblea la interpretan Wolfgang Bandion y Helmut Wohnout en su contribución a este libro como un motivo simbólico que apela a «una Europa unida por su identidad cristiana». No podría estar más de acuerdo, porque el Hospicio Austríaco fue siempre un monumento fascinante del Estado multiétnico de los Habsburgo antes de 1914 y lo sigue siendo hasta el día de hoy. El lugar siempre ha encarnado la tradición católica supranacional de este imperio europeo. Antes del fin del imperio multiétnico de los Habsburgo, se la conocía como la «hospedería austrohúngara para los peregrinos de la Sagrada Familia». Se suponía que era una casa donde las disputas nacionales quedaban a un lado, un lugar comunal para los pueblos de la monarquía bajo el sello de su fe común en el Resucitado.

Desde el tejado del Hospicio podemos discernir a simple vista en el sur de Jerusalén, a la distancia, en las colinas de Judea, el poderoso muro que hoy corta y divide la Tierra Santa. «Todos los muros caen, hoy, mañana o dentro de cien años», le gusta repetir al papa Francisco. No obstante, estamos viendo al mismo tiempo cómo Europa se está enfrentando ahora a desafíos existenciales completamente nuevos. Fronteras que aparentemente se creía superadas están tomando forma de nuevo. Nuevas líneas divisorias, nuevos rollos de alambre de púas, incluso nuevos muros amenazan con emerger en la nueva Europa, que se había reencontrado consigo misma hace veintiséis años cuando cayó el Muro de Berlín, o eso les pareció a muchos en aquel momento.

Precisamente en esta situación, cada peregrino de Tierra Santa volverá hoy y mañana al corazón de nuestra identidad. «Europa nació de las peregrinaciones», reconocía Goethe.

Justamente por eso la peregrinación a Jerusalén puede ser de gran ayuda y apoyo para que nos cercioremos de cuáles son nuestras raíces. Durante siglos, el Occidente cristiano hizo una peregrinación a la «Jerusalén celestial» citada por el Apocalipsis de Juan. Esta última ciudad de Dios se convirtió en el modelo central de nuestra cultura. ¡Que este libro sea una pequeña pieza del mosaico en el camino de esta memoria, y dé a los creyentes del ámbito de habla alemana un impulso para emprender el camino hacia el origen material de nuestra fe!

Y es que es especialmente en tiempos de crisis cuando más peregrinos se necesitan en Jerusalén. Lo que está sucediendo aquí concierne directamente al cristianismo. Cada vez son más los cristianos que abandonan el país, cuyos antepasados han vivido allí alrededor de dos mil años. Que ocurriese lo contrario sería lo que ayudaría a la Tierra Santa. Los peregrinos no se van, los peregrinos vienen. Porque los peregrinos no tienen miedo y no deben tener miedo, especialmente en el Hospicio Austriaco. Los peregrinos no son turistas; van siempre en camino hacia Dios. Por tanto, los peregrinos son siempre constructores de puentes. Tierra Santa y Europa, y el mundo entero, los necesitan más que nunca.

Con esto termino. Como prefecto de la Casa Pontificia, por supuesto, ni puedo ni debo publicitar un albergue, por mucho que me fascine. Ese no es el asunto que nos reúne esta noche. Lo que en realidad me gustaría publicitar aquí y ahora es ante todo una nueva reflexión sobre una de las tradiciones más venerables de Occidente. Me gustaría promover la peregrinación a Tierra Santa, con una abrumadora variedad de lugares que pueden leerse como un único mosaico de la Encarnación de Dios. Cada torre de iglesia en Europa apunta a ese sitio. Así es que vayan, y tanto mejor si lo hacen en masa. Dicho de otra forma, con las palabras del evangelista Juan: «¡Ven y mira!».

4.
DIOS O NADA[1]

QUERIDO CARDENAL SARAH: cuando en verano leí las galeradas de su libro *Dios o nada*, su franqueza me recordó varias veces la audacia con la que el papa Gelasio I escribió una carta al emperador Anastasio I de Constantinopla, en Roma en 494. Cuando finalmente se encontró una fecha adecuada para la presentación de este libro aquí en el Anima, descubrí que hoy, 20 de noviembre, la Iglesia está conmemorando a ese mismo papa. Hoy es la advocación del papa norteafricano Gelasio. Por lo tanto, me gustaría comenzar diciendo unas pocas palabras sobre esta carta del año 494.

Dieciocho años antes, en el 476, las tribus germánicas habían irrumpido en la ciudad de Roma. Fue el comienzo de la migración en masa de los pueblos que acabaron con el Imperio romano de Occidente. Del antes todopoderoso imperio, solo quedó en pie la impotente Iglesia.

---

[1] Palabras de presentación del libro homónimo del cardenal Robert Sarah en Santa Maria dell'Anima en Roma, el 20 de noviembre de 2015.

41

Esta era la situación cuando el papa Gelasio escribió lo siguiente al emperador romano de Oriente en Bizancio: «No hay solo un poder para gobernar el mundo, sino dos. Sabemos, desde que el Señor transmitió a sus apóstoles la misteriosa información después de la Última Cena, que las "dos espadas" que le acababan de entregar eran "suficientes"» (*Lucas* 22, 38). Sin embargo, en opinión de Gelasio, estas dos espadas tendrían que ser compartidas por el emperador y el papa en un momento de la historia. En otras palabras: con esta carta, el papa Gelasio puso el poder espiritual al mismo nivel que el secular. Ya no habría un poder omnipotente, a su juicio. De acuerdo con el plan divino, estaba pensado que el papa y el emperador fuesen socios, por el bien de la humanidad entera.

Fue un cambio de paradigma. Pero eso no es todo, porque Gelasio agregó que el emperador de Constantinopla estaba un poco por debajo de él, sucesor de Pedro en Roma, según la ley divina. ¿No debían incluso los gobernantes más poderosos recibir humildemente los sacramentos de la mano de los sacerdotes? Entonces, ¿cuánto más está obligado el emperador a presentarse humildemente ante el papa, cuyo sitial está por encima de cualquier otro obispado?

Era una aseveración tremenda. No es de extrañar que el emperador bizantino apenas se encogiera de hombros al saber de ella. No obstante, la «doctrina de las dos espadas», como se ha venido a llamar la afirmación que se hace en esta carta, describió la relación entre la Iglesia y el Estado durante aproximadamente los siguientes seiscientos años. Sus efectos indirectos duraron mucho más y son incalculables. El desarrollo gradual de las democracias occidentales hubiera sido impensable sin esta declaración, porque en ella están no solo los cimientos de la soberanía de la Iglesia, sino también de la soberanía de toda oposición legítima.

En cualquier caso, Europa creció y maduró dolorosamente en base a esta tensa dicotomía. La historia de la Iglesia católica como fuerza civilizadora es impensable sin el rastro que dejó

Gelasio I cuando se opuso a la lucha por la omnipotencia del emperador Anastasio I en su tiempo. La posterior separación de la Iglesia y el Estado y el sistema de «equilibrio de poder» comenzó con esta carta, en la que de pronto un papa impotente y arrojado le negó al gobernante más poderoso del mundo el derecho a querer mandar sobre las almas de sus súbditos. Fue una época de agitación y grandes migraciones en que la Iglesia romana se convirtió en el poder decisivo del orden en Occidente.

Por supuesto, de todo esto es consciente el cardenal Sarah, que como Gelasio proviene de África, actualmente la parte más vital y dinámica de la Iglesia mundial, y que hoy ve cómo fluye de nuevo una gran migración de pueblos del este hacia las fronteras de Europa. Esta es probablemente la razón por la que los pioneros sínodos «africanos» de Cartago del siglo III al V para él están tan presentes como todos los concilios posteriores, hasta el Vaticano II. Está claro que él ve con una claridad reservada a unas pocas personas que muchos Estados de hoy están reclamando nuevamente con todas sus fuerzas ese «poder espiritual» que la Iglesia una vez les arrebató en un largo proceso, para el bien de la sociedad en su conjunto.

Si los actuales Estados occidentales, uno tras otro, comprando la agenda de los grupos de presión globales, socavan la ley natural y tratan de legislar sobre la naturaleza humana, entonces estamos ante algo que va más allá de una fatal recaída en la regla de la arbitrariedad. Se trata de una nueva claudicación ante las tentaciones totalitaristas que siempre han sobrevolado nuestra historia como una oscura sombra.

Cada generación conoce esta tentación, por más que en cada época adopte una nueva forma y se sirva de un nuevo lenguaje. El cardenal Sarah insiste hoy de manera muy contundente en que la Iglesia no debe fusionarse con el *zeitgeist*, incluso allá donde ese espíritu de la época se disfraza de ciencia, como sabemos que han hecho el racismo y el marxismo.

Nunca más debe institución alguna aglutinar todo el poder en sus manos. Ni el Estado ni el *zeitgeist* tienen derecho a esta omnipotencia y, por supuesto, tampoco la Iglesia. Al césar lo que es del césar. Indudablemente. ¡Pero a Dios lo que es de Dios! Esta es la distinción en la que hoy insiste el cardenal Sarah, con su propia voz, franca y valiente.

El Estado no debe convertirse en una religión, como acabamos de ver con horror en el llamado Estado Islámico. Y tampoco debe el Estado prescribir al pueblo el laicismo, como una cosmovisión supuestamente neutral. Este no es más que otra pseudorreligión que resurge tras las ideologías totalitarias del siglo pasado, para intentar reemplazar al cristianismo (y a todas las demás religiones) después de tacharlas a todas de inútiles y retrógradas.

Por eso resulta radical este libro del cardenal Sarah. No en el sentido en que hoy usamos el adjetivo, sino en el sentido original de la palabra. La raíz latina significa justamente «raíz», y es en ese sentido en que el libro es radical, porque nos lleva de regreso a las raíces de nuestra fe. Es el radicalismo del Evangelio el que inspira este libro. El autor está «convencido de que una de las tareas más importantes de la Iglesia es permitir que Occidente redescubra el rostro radiante de Jesús».

Por eso no le da miedo volver a hablar de la Encarnación de Dios y de la radicalidad de esta buena noticia, que contrasta con un análisis implacable del tiempo. Nos abre los ojos al hecho de que las nuevas formas de indiferencia hacia Dios no son solo aberraciones mentales de las que podamos sencillamente desentendernos. Reconoce una amenaza existencial para la civilización humana en la transformación moral de nuestras sociedades.

No hay duda de que en esta precaria situación el mandato de volver a predicar el Evangelio de forma viva está cobrando nueva urgencia. A esta hora la voz de Sarah se alza profética. Sabe que el Evangelio, que una vez reformó las culturas, corre ahora el peligro de ser reformado por las llamadas «realidades de la vida». Durante dos mil años, la Iglesia ha cultivado el mundo con el poder del Evangelio. No va a funcionar al revés. La revelación no debe adaptarse al mundo. El mundo quiere devorar a Dios, pero Dios quiere ganarnos a nosotros y al mundo.

De ahí que en esa lucha este libro no sea una contribución fugaz a ningún debate concreto. Tampoco es una respuesta específica a puntos de vista ajenos. Describirlo así no haría justicia a la profundidad y al resplandor de este testimonio de fe. Al cardenal Sarah no le preocupan los conflictos individuales, sino la fe en su conjunto. Demuestra cómo, desde el todo correctamente entendido, también se puede comprender al individuo; y cómo, a la inversa, con cada intento teológico de aislar cuestiones parciales, el todo queda dañado y debilitado.

En todo caso, con este libro no estamos ante un manifiesto ni ante un panfleto. Es una guía de viajes hacia Dios, que mostró su rostro humano en Jesucristo. Es un vademécum para el comienzo del Año Santo.

El 20 de noviembre de 2016 –justo dentro de un año– este Año Santo, dedicado al «Rostro de la Misericordia», llegará a su fin. Mientras tanto, podemos aprender de este libro las lecciones más valiosas sobre la naturaleza de la misericordia. Reginald Garrigou-Lagrange escribió ya en 1923: «La misericordia y el rigor de la enseñanza solo pueden existir juntos». Y añadió: «La Iglesia es intolerante en cuanto a sus principios porque cree, y es tolerante en su praxis, porque ama. Los enemigos de la Iglesia son tolerantes en cuanto a sus principios, porque no creen, e intolerantes en su praxis, porque no aman».

El cardenal Sarah es una persona que ama. Y es una persona que nos muestra en qué obra de arte Dios quiere transformarnos si no oponemos resistencia a las manos del artista. Su libro es un libro de Cristo. Es un credo. Tenemos que pensar en su título como un feliz suspiro: ¡*Dios o nada*!

5.

LEVANTAOS, ALZAD LA CABEZA[1]

ES PROBABLE QUE TODOS LOS NIÑOS hayan visto que, cuando tocas las antenas de un caracol, se retraen instantáneamente. La mayoría de las veces también echa la cabeza hacia atrás y se mete completamente en su caparazón. El ciego caracol piensa que se ha topado con algo peligroso y, por miedo a este peligro, se retira a su interior.

Muchas personas hacen lo mismo: cuando husmean el peligro y sienten miedo, agachan la cabeza y huyen encerrándose en sí mismos. Lo que pasa es que los seres humanos no somos caracoles.

Lo que el Creador del caracol le dio como un instinto útil para su trayectoria vital no se aplica a los seres humanos. Por eso Jesús nos llama: «Levantaos, alzad la cabeza» (*Lucas* 21, 28). Es como si quisiera decirnos: ¡No agachéis la cabeza en cuanto la cosa se pone difícil! ¡No dejéis que el miedo os deprima!

____

[1] Homilía pronunciada en el Sagrado Corazón de Jesús, en Berlín, el 26 de noviembre de 2015.

¡Levantad la cabeza, mirad hacia arriba, no tengáis miedo, mirad al futuro a los ojos! ¡Porque al final de vuestro futuro no os espera el declive y la descomposición, sino que Yo os espero, vengo a vosotros, vuestro Redentor!

Al final de cada año litúrgico nos acompañan los textos apocalípticos del Nuevo Testamento. De esta manera, en los meses más oscuros del año, se nos recuerda conmovedoramente la necesaria vigilancia en la fe y el Juicio Final, que dará comienzo con la Segunda Venida del Señor. Esta Segunda Venida Suya y lo que la precede es precisamente lo que Jesús describe en el Evangelio de hoy: «Entonces verán al Hijo del hombre venir en una nube, con gran poder y gloria» (*Lucas* 21,27). Se llama a este evento la Segunda Venida y, por lo tanto, «regreso» porque así fue descrito y anunciado por los dos ángeles durante la ascensión de Jesús cuarenta días después de su resurrección: «Galileos, ¿qué hacéis ahí plantados mirando al cielo? El mismo Jesús que ha sido tomado de entre vosotros y llevado al cielo, volverá como lo habéis visto marcharse al cielo» (*Hechos* 1, 11).

«Cuando empiece a suceder esto, levantaos, alzad la cabeza; se acerca vuestra liberación». El Señor dijo esto en un extenso sermón que trata sobre los últimos tiempos, es decir, la última vez antes del último día. Predijo que sucederían cosas terribles: fenómenos inusuales en el cielo, olas de tormenta en el mar, guerras, terremotos y hambrunas. Todo lo que antes daba sostén y estabilidad al mundo empezaría entonces a tambalearse. También predijo que un gran temor se esparciría entre los hombres; frente a acontecimientos tan tremendos, se sentirían abatidos y profundamente perturbados. El miedo que se propaga como una epidemia es una señal del fin de los tiempos.

«Habrá signos en el sol y la luna y las estrellas, y en la tierra angustia de las gentes, perplejas por el estruendo del mar y el oleaje», oímos de boca del Señor. Ahora estamos experimentando esto entre nosotros: no vivimos en guerra, no debemos temer al hambre, no habitamos una zona propensa a terremotos, y sin embargo el miedo se está extendiendo por todas partes. El miedo a perder el trabajo, la seguridad, la salud. El miedo a los accidentes, a los ataques terroristas, el miedo a los contemporáneos sin escrúpulos que toman decisiones cuyas consecuencias deben sufrir personas inocentes.

Que a medida que se aproxime la noche nuestro tiempo quedará marcado por sucesos y condiciones espantosos, y que la gente tendrá más y más miedo, ya lo dice el Señor muy claramente, no hay discusión al respecto. Realmente no dijo nada que los profetas del Antiguo Testamento no hubiesen ya anunciado. Algunas de las palabras que usó Jesús son citas literales de los profetas. Y tampoco esto es nuevo: todos estos terribles sucesos del final de los tiempos llegarán a un punto crítico en el gran día del Señor, que resultará en el juicio de Dios sobre todas las personas. El profeta Daniel ya predijo que el Redentor volvería visiblemente en ese día, y Cristo lo repitió casi palabra por palabra en su sermón: «Entonces verán al Hijo del hombre venir en una nube, con gran poder y gloria». Inmediatamente después de esta cita, Jesús nos dice: «Cuando empiece a suceder esto, levantaos, alzad la cabeza; se acerca vuestra liberación».

«Cuando empiece a suceder esto», dice el Señor, refiriéndose a cuando los presagios aterradores ya se avisten, antes del amanecer del Día del Juicio. En otras palabras, ahora, hoy, cuando ya tenemos miedo de tantos presagios del Día del Juicio. Ahora, hoy: ¡no hagáis como el caracol, no escondáis la cabeza con miedo, no os refugiéis en vosotros mismos! Porque sabéis que todo tiene que suceder así; Dios predeterminó cómo serían los últimos tiempos del mundo. No: alzad la cabeza y mirad al frente, porque vuestra redención está cerca.

De hecho, hemos de tomar este miedo a muchas cosas que nos rodean como una señal de que el Señor vendrá pronto. Cuando llegue el momento, sucederá en circunstancias terribles. Todos los que lo niegan, los que no quieren conocerlo, morirán de miedo porque se darán cuenta: ¡Ayuda, Jesús realmente existe! Pero nosotros lo conocemos, sabemos que es nuestro Salvador, que nos redimió con su muerte en la cruz.

Sabemos que no nos abandonará en el Día del Juicio porque Él mismo respondió por nuestros fracasos y nuestros pecados.

Sí, debemos esperar alegremente este último día, porque en él viene nuestro Redentor. Y con él viene la redención final, la consumación, la entrada en la Jerusalén celestial. ¿Quién querría agachar la cabeza ante este glorioso futuro? No actuéis, por tanto, como el caracol.

«Levantaos, alzad la cabeza; se acerca vuestra liberación». Con esta última frase del Evangelio de hoy se resume la actitud del cristiano creyente, cuya existencia está volcada por entero en seguir a Jesús, y en averiguar cómo reaccionar ante esos eventos extremos de guerra y terror y esos desastres naturales. Cuando estén «desfalleciendo los hombres por el miedo y la ansiedad ante lo que se le viene encima al mundo, pues las potencias del cielo serán sacudidas», el cristiano podrá ponerse de pie y levantar la cabeza gracias a su fe, porque reconocerá que su redención final está cerca. Esta calma interior ante la amenaza de destrucción y aniquilación requiere, no obstante, tener almacenado en el propio corazón suficiente aceite para la llama del amor a Dios y al prójimo, y no estar atado ya a los lazos terrenales que causan temores en el corazón humano.

Entonces: ¡hay que elevar la mirada, tener la cabeza bien alta!

Mira al Señor Jesucristo que está sentado a la diestra del Padre; nada escapa de su mano.

¡Mira a nuestro Salvador, quien vendrá otra vez para completar su obra de redención por nosotros!

¡Alzad la cabeza! A pesar del miedo, a pesar de los tiempos inciertos y de todos los horrores del mundo.

¡No nos escondamos en nuestro trabajo, en nuestras preocupaciones, en nuestras aficiones, en nuestros prejuicios! ¡Enfrentémonos al mundo en que Dios nos ha puesto! ¡Resistamos la tentación de escondernos en nuestras conchas de caracol a causa del miedo! ¡No hagáis como el caracol! Apostad todo a las palabras del Señor: «Alzad la cabeza; se acerca vuestra liberación». Amén.

6.

EL ROSTRO DEL AMOR[1]

LLAMAMOS A ESTE DOMINGO *OMNIS TERRA* siguiendo las palabras del Salmo 66 (65) al comienzo de esta santa misa: *Omnis terra adoret te, Deus, et psallat tibi!* En castellano: «Que se postre ante ti la tierra entera, que toquen en tu honor». Este domingo tiene ese nombre desde hace ochocientos años. Entonces, como hoy, el evangelio de las bodas de Caná se leyó en todas las iglesias católicas. Desde entonces, han sucumbido imperios que se han ido como hojas de otoño. La Iglesia ha tenido noventa y dos nuevos papas. Revoluciones y guerras masivas han sacudido Europa, divisiones fatales han desgarrado al cristianismo. La calma parece casi un milagro con el que todavía cantamos en la liturgia de este domingo como lo hacíamos entonces: «Aclamad al Señor, tierra entera».

En este domingo de júbilo recordamos también al papa Inocencio III, que hizo traer hoy hace ochocientos ocho años

---

[1] Homilía pronunciada el domingo 17 de enero de 2016 en Santo Spirito en Sassia, en el distrito sajón de Roma.

el santo velo de Cristo de San Pedro a Santo Spirito. Era el velo sagrado que nos muestra el «rostro humano de Dios», del que el papa Benedicto XVI nunca se cansa de hablar, o el «rostro vivo de la misericordia del Padre», al que el papa Francisco ha dedicado este año jubilar. Ya entonces, en enero del año 1208, esta Santa Faz o velo de la Verónica quedó vinculado a esta iglesia con la idea de la misericordia activa de Dios hacia la especie humana. Además, en 1994 san Juan Pablo II consagró a la humanidad al rostro de la Divina Misericordia en honor de santa Faustina Kowalska, cuyas reliquias veneramos aquí. El papa de Polonia también fue un visionario, como podremos comprobar hoy y aquí una vez más.

Hace ochocientos ocho años, durante la primera de estas procesiones, el papa Inocencio III no hizo que trajeran la Santa Faz a los nobles de Roma, sino a los peregrinos enfermos y a los pobres de la ciudad, cuya casa más importante era este Ospedale Santo Spirito. Y decretó que el limosnero papal debía entregar tres denarios del tesoro de las ofrendas para san Pedro a cada uno de los trescientos enfermos y a los mil pobres invitados de toda la ciudad que asistieron a la ceremonia: uno para el pan, otro para el vino y un tercero para carne. También concedió grandes indulgencias a quienes visitaran la Santa Faz y acudieran a esta procesión. Fue prácticamente una anticipación de los Jubileos, que solo se introdujeron en Roma años más tarde, en 1300 bajo el papa Bonifacio VIII. ¡De modo que todo empezó aquí en aquel entonces!

Desde entonces, estas procesiones y exhibiciones del velo no se detuvieron hasta el comienzo de los tiempos modernos. Pronto fue prácticamente imposible contar los peregrinos que querían ver el rostro de Dios en Roma. Dante supo más tarde de esta procesión de la Santa Faz. Es el rostro frente al cual finaliza el «viaje cósmico» de su Divina Comedia, como dijo el papa Benedicto XVI hace diez años cuando presentó su encíclica *Dios es amor*. Era este el rostro del amor, el que «mueve el sol y las otras estrellas», como escribió en las líneas más célebres de la literatura italiana: «*l'amor che move il sole e l'altre stelle*».

Este es el amor de Dios que nos espera «como un joven se desposa con una doncella», como escuchamos en las palabras de Isaías, y el poder amoroso del Espíritu Santo, cuyos múltiples dones de la gracia nos ha vuelto a explicar san Pablo en esta iglesia consagrada al Espíritu Santo. Pero en ninguna parte habla este Espíritu con mayor claridad que en el rostro silencioso de Cristo, ante quien estamos hoy aquí reunidos.

Porque «esta es la vocación y la alegría de todo bautizado: mostrar y llevar a Jesús a los demás», nos dijo el papa Francisco el 3 de enero. Pero eso es exactamente lo que podemos presenciar hoy cuando los valerosos capuchinos de Manoppello «nos muestran y traen a Jesús», en cuyo rostro Dios mismo nos muestra su rostro.

Dicho esto, me gustaría agregar solo una cosa más sobre el evangelio de las bodas de Caná, sobre el que ya se han dicho muchas cosas instructivas. Después de todo, ¿debería sorprenderse hoy alguien de que Jesús dedicase su primer milagro público al matrimonio y la familia, que hoy están tan en peligro que el papa Francisco acaba de dedicarles dos sínodos por su cuenta? Más bien deberíamos, de hoy en adelante, tratar de entender mejor este primer milagro, ahora que acaba de pasar la época navideña, como una extensión necesaria del misterio de la Encarnación de Dios. ¿No es acaso en una familia donde nos convertimos en seres humanos? En una familia con una madre y un padre y, si hay suerte, con hermanos y hermanas. Por eso los artistas cristianos han recreado una y otra vez el rostro de Jesús y el de su madre. Porque si Dios es el Padre de Jesús, su rostro debe y solo puede ser como el de Él. Y es este rostro ancestral el que ha regresado hoy de manera casi maravillosa al Santo Spirito en Sassia, donde parece casi idéntico al rostro de la imagen de la Divina Misericordia, que aquí se venera desde hace más de dos décadas.

Es una copia del antiguo original, que el papa Inocencio III mostró a los peregrinos y que se ha conservado durante más de cuatrocientos años en los Abruzos, a orillas del Adriático, en la periferia de Italia, desde donde fue traído hoy por primera vez al lugar donde comenzó el culto de su veneración pública. Desde aquí, innumerables copias han dado a conocer a los cristianos la verdadera imagen de Dios a todo el mundo. Y ahí radica el significado más profundo de esta hora. Antes de llegar a Roma, el velo sagrado se custodió en Constantinopla; y antes de eso, en Edesa; y antes aún, en Jerusalén. Este rostro no debe ser el tesoro de ningún individuo, ni siquiera de los papas. Es un tesoro único de todos los cristianos. Solo nosotros sabemos qué aspecto tiene Dios, y cómo y quién es. El rostro de Cristo es, por tanto, el tesoro más noble y precioso de todo el cristianismo y todavía más, de toda la tierra. *Omnis Terra*! Siempre tendremos que abrirnos a este rostro. Siempre como peregrinos. Siempre a la periferia. Y siempre con un objetivo en mente: esa hora en la que estaremos cara a cara con él. Amén.

7.
EL PAPADO RENOVADO[1]

EN UNA DE LAS ÚLTIMAS CONVERSACIONES que pudo tener Peter Seewald —el biógrafo del papa— con Benedicto XVI, en Múnich, le preguntó al despedirse: «¿Es usted el fin de lo viejo o el comienzo de lo nuevo?». La respuesta del papa fue breve y definitiva: «Ambas cosas». Es probable que la grabadora ya estuviese apagada. Por eso este último diálogo no aparece en ninguno de los libros de Peter Seewald, ni siquiera en el famoso libro *Luz del mundo*, sino solo en una entrevista concedida al *Corriere della Sera* en la que el biógrafo, tras la renuncia de Benedicto XVI, recordó estas palabras clave. Ahora sirven, por así decirlo, como lema de la obra de Roberto Regoli.

Y he de admitir que el pontificado de Benedicto XVI es difícil resumirlo mejor que diciendo que él ha sido un clásico *homo historicus*, un occidental por excelencia que ha encarnado

---

[1] Presentación del libro *Oltre la crisi della Chiesa* (Más allá de la crisis de la Iglesia) de Roberto Regoli, sobre el pontificado del papa Benedicto XVI, en la Universidad Gregoriana de Roma el 20 de mayo de 2016.

la riqueza de la tradición católica de Occidente como nadie anteriormente. Al mismo tiempo, ha sido alguien que ha abierto la puerta con arrojo a un nuevo capítulo de este cambio de era, de un modo que casi nadie podía imaginar hace cinco años. Desde entonces hemos vivido en una época histórica sin precedentes en la bimilenaria historia de la Iglesia. Como en los días de Pedro, la Iglesia una, santa, católica y apostólica ha tenido un solo papa legítimo. Pero ya llevamos viviendo tres años con dos sucesores vivos de Pedro; ¡dos papas que no compiten entre sí, aunque ambos tengan una presencia extraordinaria! Hemos de añadir que el espíritu de Joseph Ratzinger tuvo durante largos años una influencia decisiva en el extenso pontificado de san Juan Pablo II, a quien fielmente sirvió como prefecto de la Congregación para la Doctrina de la Fe durante casi un cuarto de siglo. Muchos todavía perciben que la nueva situación de hoy es una especie de estado divino de emergencia.

¿Ha llegado realmente el momento de hacer balance del pontificado de Benedicto XVI? Los papas, por lo general, solo pueden ser evaluados y jerarquizados de manera significativa observando en retrospectiva la historia de la Iglesia. A modo de ejemplo, el propio Roberto Regoli cita a Gregorio VII, el gran papa reformador de la Edad Media, que murió en el exilio en Salerno, fracasado a ojos de muchos de sus contemporáneos. Pero fue precisamente él, Gregorio VII, quien marcó de manera decisiva el semblante de la Iglesia en las controversias de su tiempo para las generaciones posteriores. Por eso parece más atrevido el intento del profesor Regoli de evaluar el pontificado de Benedicto XVI en vida de este.

La cantidad de material crítico que ha visto y evaluado es abrumadora e intimidante. Benedicto está inmensamente presente y permanece en sus propios escritos, ya sea como papa, cuando nos dejó tres libros sobre Jesucristo y nada menos que dieciséis gruesos volúmenes de *Insegnamenti* (enseñanzas) durante su pontificado, o como cardenal o profesor Ratzinger, cuyas obras podrían llenar una pequeña biblioteca. Así es que no faltan notas a pie de página en esta obra de Roberto Regoli, que me trae muchos recuerdos. Porque estuve allí cuando Benedicto XVI se quitó el anillo del Pescador al final de su mandato, como es costumbre después de la muerte de un papa, aunque en este caso todavía estaba vivo. Estuve allí cuando decidió no abandonar su nombre. No volvió a ser Joseph Ratzinger, como el papa Celestino V, que volvió a ser Pietro di Morrone el 13 de diciembre de 1294 tras unos meses en el cargo.

Desde el 11 de febrero de 2013, el papado ya no es lo que era. Seguirá siendo la base de la Iglesia católica. No obstante, Benedicto XVI ha cambiado sus bases con su excepcional pontificado, como dijo el sobrio cardenal Sodano. Inmediatamente después de la sorprendente declaración de renuncia, Sodano, extremadamente conmovido y casi aturdido, dijo que la noticia había golpeado a los cardenales reunidos «como un rayo caído del cielo». Eso fue en la mañana de aquel día; aquella misma noche verdaderamente un relámpago de un kilómetro de largo golpeó la parte superior de la cúpula de la Basílica de San Pedro sobre la tumba del príncipe de los apóstoles, a lo que siguió un indescriptible rugido. Rara vez un punto de inflexión histórico ha sido acompañado por un signo tan dramático del cosmos. En la mañana del 11 de febrero, el cardenal Sodano terminó su respuesta a la pregunta sobre Benedicto XVI con una valoración inicial de su pontificado igual de cósmica, diciendo: «Ciertamente, las estrellas del cielo seguirán parpadeando y la estrella de su pontificado siempre brillará entre nosotros».

La presentación que Regoli hace de las distintas fases del pontificado de Benedicto, muy bien documentadas, es tan luminosa como iluminadora, sobre todo respecto a su inicio en el cónclave de abril de 2005. En ese cónclave Joseph Ratzinger se convirtió en papa después de una de las elecciones más breves en la historia de la Iglesia —tan solo cuatro votaciones—, tras una dramática lucha entre el llamado «Partido de la Sal de la Tierra» en torno a los cardenales López Trujillo, Ruini, Herranz, Rouco Varela o Medina y el llamado «Grupo Sankt

Gallen», en torno a los cardenales Danneels, Martini, Silvestrini o Murphy-O'Connor. El cardenal Danneels de Bruselas, entre bromas, se refirió recientemente a este último grupo como «una especie de club mafioso».

La elección también siguió a un enfrentamiento que el cardenal Ratzinger había prefigurado en su histórico sermón del 18 de abril de 2005 en San Pedro. En su homilía, el cardenal Ratzinger enfrentó «la dictadura del relativismo, que no considera nada como definitivo y que solo admite como última medida de todo el propio yo» con otra medida de la humanidad verdadera, «el Hijo de Dios, el verdadero hombre». Incluso hoy, esta parte del sagaz análisis de Roberto Regoli se lee como una emocionante historia de suspense que verá su desenlace en días no muy lejanos, mientras que la «dictadura del relativismo» se ha manifestado abrumadoramente muchas veces desde entonces en los nuevos medios, cuyo poder apenas era concebible en 2005.

El nombre que el nuevo papa se dio a sí mismo justamente tras su elección ya era una especie de programa. Joseph Ratzinger no se convirtió en Juan Pablo III, como muchos hubieran deseado, sino que se vinculó con Benedicto XV, el infortunado y fracasado gran papa de la paz de los terribles años de la Primera Guerra Mundial, y con san Benito de Nursia, el padre del monacato occidental y padre de Europa. Durante los años anteriores a ese momento, pude atestiguar de primera mano cómo el cardenal Ratzinger no se postulaba para el cargo más alto de la Iglesia católica, sino que ya estaba soñando vívidamente con una vejez en la que pretendía escribir en silencio sus últimos libros. Todo el mundo sabe que las cosas salieron de otra manera. Durante la elección, fui testigo en la Capilla Sixtina de cómo experimentó la elección como un «verdadero shock», cómo sintió «horror» o cómo se «mareó» cuando vio «la guillotina» de la decisión caer sobre él (al decir esto no traiciono secreto alguno, puesto que el propio papa Benedicto lo hizo público en su primera audiencia en presencia de algunos peregrinos alemanes). Por tanto, no es de extrañar que también fuera el primer papa en pedir a los fieles que orasen por él inmediatamente después de su elección, lo cual se recuerda una vez más en este libro.

Es fascinante y conmovedor ver cómo Regoli perfila los distintos años de mandato y cómo llama una vez más la atención sobre la soberanía con la que Benedicto XVI ejerció el cargo, invitando a Castel Gandolfo ya a principios de su papado a su viejo y áspero adversario Hans Küng, así como a Oriana Fallaci, la agnóstica y combativa gran dama judía de los medios seculares italianos, o cómo nombró al protestante suizo ganador del Premio Nobel Werner Arber como primer presidente no católico de la Pontificia Academia de la Ciencias. Tampoco oculta Regoli la falta de conocimiento sobre la naturaleza humana que a menudo se ha reprochado al ingenioso teólogo que tuvo que ponerse en el lugar del Pescador. El papa Benedicto, tan capaz de juzgar brillantemente textos y libros, admitió sin embargo con toda franqueza a Peter Seewald en 2010 cuánto le costaba tomar decisiones sobre las personas, porque «nadie puede mirar en el corazón de otro». ¡Qué gran verdad!

Regoli sabe ver que 2010 fue un «año negro» para el papa, en relación con la trágica muerte accidental de Manuela Camagni, una de las cuatro Memores pertenecientes a la «pequeña familia papal». Puedo dar fe de ello. Frente a este golpe del destino, la emoción mediática de aquellos años —desde el asunto del tradicionalista obispo Richard Williamson hasta una ola de ataques cada vez más insidiosos contra su persona— no fue nada comparado con la muerte de Manuela, arrebatada de nuestro lado tan repentinamente. Nada golpeó tanto el corazón del papa como aquella muerte. El papa Benedicto nunca ha sido actor, y mucho menos un autómata insensible, siempre ha sido un ser humano y no ha cambiado su forma de ser al ocupar el trono de Pedro. En palabras de Conrad Ferdinand Meyer, Benedicto no es «un libro sofisticado», sino «una persona con sus contradicciones». Así lo he vivido yo y he podido constatarlo a diario, y no es algo que haya cambiado hasta hoy.

A raíz de la última encíclica, *Caritas in veritate*, del 4 de diciembre de 2009, Regoli cree observar cómo un pontificado dinámico, innovador y poderoso en términos de derecho litúrgico, ecuménico y canónico se «desacelera» repentinamente, como si estuviera bloqueado, como si se hubiese atascado en un pantano. No puedo confirmar tal cosa, por más que el viento en contra arreciase en los años siguientes. Sus viajes al Reino Unido (2010), Alemania y a Erfurt, la ciudad de Lutero (2011) o al Oriente Medio en llamas para visitar a los cristianos atribulados del Líbano (2012) fueron todos hitos ecuménicos. Las decisivas medidas puestas en marcha para abordar el problema de los abusos fueron y siguen siendo innovadoras. ¿Y cuándo ha habido un papa que, además de sus arduas obligaciones, también haya escrito libros sobre Jesús de Nazaret, que tal vez sean considerados un día como su legado más importante?

No tengo que explicar aquí el modo en que, tan afectado como estaba por la repentina muerte de Manuela Camagni, sufrió más tarde la traición de Paolo Gabriele, que también pertenecía a la misma «familia papal». No obstante, y en esto quiero ser muy claro, Benedicto no se retiró al final a causa del pobre y descarriado ayuda de cámara, ni por los chismes sobre su casa que empezaron a circular por Roma en la llamada crisis Vatileaks, una moneda falsa con la que se comerciaba en el resto del mundo como si fueran piezas de oro reales. No fue un traidor ni un «topo» ni ningún periodista quien lo movió a tomar aquella decisión. Ese escándalo era poca cosa para el enorme e inaudito paso que iba a dar, que Benedicto XVI ponderó con el máximo cuidado.

El relato de Regoli de estos hechos también merece respeto, porque no es su intención explicar y sondear completamente este último paso enigmático, y no da pábulo a la desenfrenada maquinaria de leyendas urbanas con nuevas especulaciones que poco tienen que ver con lo realmente ocurrido. Y debo confesar, como testigo cercano de este espectacular e inesperado paso de Benedicto XVI, que sigo pensando en ello una y otra vez y que me viene a la mente la célebre e ingeniosa fórmula con la que Juan Duns Escoto justificó la decisión de Dios respecto a la Inmaculada Concepción de la Santísima Madre en la Edad Media: *Potuit, decuit, ergo fecit,* es decir, era apropiado porque tenía sentido, «podía, convenía hacerlo y así pues lo hizo». Fue apropiado porque Benedicto XVI se dio cuenta de que estaba perdiendo la fuerza necesaria para un cargo tan extremadamente difícil. Pudo hacerlo porque durante mucho tiempo había estado repensando en términos teológicos la posibilidad de que hubiese papas eméritos en el futuro. Y en consecuencia lo hizo.

En esencia, la histórica renuncia del papa teólogo fue un paso adelante, pues introdujo la nueva institución de un «papa emérito» en la Iglesia católica el 11 de febrero de 2013. Lo hizo en latín, ante los sorprendidos cardenales, diciendo que carecía de la fuerza suficiente para «ejercer adecuadamente el ministerio petrino». La palabra clave en esta declaración es el término *munus petrinum*, que, como suele ser el caso, se ha traducido como ministerio petrino. Pero el vocablo latino *munus* tiene una amplia gama de significados. Puede ser un servicio, una tarea, un liderazgo o un regalo, hasta un milagro. Incluso después de su renuncia, Benedicto ve su papel como parte de ese ministerio petrino, y hasta el día de hoy cumple con ello. Ha dejado vacante su cátedra, pero con su decisión del 11 de febrero de 2013 no ha renunciado al ministerio de oración y compasión por la Iglesia.

Para despejar dudas y evitar malentendidos, cabe señalar que desde las elecciones del 13 de marzo de 2013 no ha habido dos papas, sino solo uno, y su nombre es Francisco. Tan solo Francisco tiene autoridad oficial para dirigir la Iglesia. Pero en el servicio espiritual de oración y devoción, Benedicto permanece, por así decirlo, en el ámbito más estrecho de San Pedro. Por eso Benedicto XVI no ha renunciado ni a la túnica blanca ni a su nombre. Por eso la manera correcta de dirigirse a él sigue siendo «Santo Padre» (en italiano: *Santità*) y por eso no se retiró a un monasterio remoto, sino al interior del Vaticano, como si solo se hubiera echado a un lado para hacer sitio a su sucesor y abrir una nueva etapa de la historia del papado, que ha enriquecido con este paso a través de la potencia de su oración y compasión en los Jardines Vaticanos.

Fue «el paso menos esperado en el catolicismo contemporáneo», como escribe Regoli, aunque el cardenal Ratzinger ya había reflexionado públicamente sobre esa posibilidad el 10 de agosto de 1978 en Múnich en un sermón con motivo de la muerte de Pablo VI. Treinta y cinco años después, él mismo no huyó del ministerio petrino, lo cual habría sido completamente imposible tras su aceptación irreversible del cargo en abril de 2005, sino que lo renovó en un acto de extraordinaria osadía (incluso con la opinión en contra de asesores bien intencionados y completamente competentes). Y, con sus últimas fuerzas, lo hizo más grande. Esa es mi esperanza, que solo podrá verificar la historia.

En cualquier caso, su gesto permanecerá en la historia de la Iglesia: el teólogo de fama mundial en la silla de Pedro que se convirtió en el primer «papa emérito» en 2013. Desde entonces, su papel ha sido, una vez más, completamente diferente al del papa san Celestino V, quien después de su renuncia en 1294 quiso volver a ser ermitaño y en cambio se convirtió en prisionero de su sucesor Bonifacio VIII (a quien debemos la creación de los años jubilares de la Iglesia). Nunca se había dado un paso como el de Benedicto XVI. Por lo tanto, no es de extrañar que algunos lo percibieran como revolucionario o muy acorde con el Evangelio, mientras que otros ven al papado más secularizado que nunca, más colegiado y funcional o simplemente más humano y menos sagrado. Hay incluso quienes creen que con este paso y en términos teológicos e histórico-críticos Benedicto XVI ha desmitificado, por así decirlo, el cargo petrino.

Roberto Regoli expone todo esto en su análisis del pontificado como ningún otro autor lo ha hecho antes. Quizás la parte más conmovedora de mi lectura de la obra del profesor

Regoli fue el pasaje en el que transcribe una detallada cita de la última audiencia general de Benedicto XVI, el 27 de febrero de 2013, cuando el papa saliente resumió en la plaza de San Pedro su pontificado despidiéndose bajo un inolvidable e impecable cielo azul con las siguientes palabras:

> Fue un trecho del camino de la Iglesia que conoció momentos de alegría y luz, pero también momentos que no fueron fáciles. Me he sentido como Pedro con los apóstoles en la barca en el lago de Genesaret: el Señor nos ha dado muchos días soleados con una ligera brisa, días en los que había mucha pesca, y ha habido momentos en los que el agua se encrespaba y el viento soplaba en contra, como siempre ha pasado en la historia de la Iglesia, momentos en los que el Señor parecía estar dormido. Pero siempre he sabido que el Señor está en este barco, y siempre he sabido que el barco de la Iglesia no es mío, ni nuestro, sino Suyo. Y el Señor no dejará que se hunda; es Él quien lo guía, ciertamente también a través de las personas que ha elegido, porque así lo ha querido. Eso ha sido y es una certeza que nada puede oscurecer.

Personalmente, tengo que admitirlo, estas palabras aún me llevan al borde las lágrimas, sobre todo porque puedo testificar de cerca cómo el papa Benedicto hizo suyas incondicionalmente las palabras de san Benito, que advertían de «no anteponer nada al amor de Cristo» (*nihil amori Christi praeponere*), como dice esa regla que nos fue transmitida por el papa Gregorio Magno. Sin embargo, como testigo contemporáneo, todavía me fascina la precisión de este último análisis en la plaza de San Pedro, que sonaba tan poético y sin embargo no era más que profético. Porque son palabras que el papa Francisco podría suscribir hoy sin más preámbulos. No los papas, sino Cristo, el Señor, Él mismo y nadie más es el dueño del pequeño barco de Pedro al que azotan tormentosas olas. Una y otra vez tememos que el Señor se haya dormido y no participe en nuestra miseria; sin embargo, Él puede silenciar con una sola palabra cualquier tormenta. Por supuesto, seguimos entrando en pánico, a causa de las inmensas olas y el aullido del viento, pero ante todo por nuestra falta de fe, la pequeñez de nuestras creencias y nuestra impaciencia.

Así que este libro vuelve a dejar constancia de la reconfortante y tranquila imperturbabilidad y de la serenidad de Benedicto XVI cuando estuvo al timón del barco de Pedro en los dramáticos años entre 2005 y 2013. Al mismo tiempo, con su esclarecedora crónica, el propio Regoli ha participado en el mencionado *munus petrinum*. Como hizo Peter Seewald y otros antes que él, Roberto Regoli, sacerdote, profesor y erudito, se ha unido al ministerio petrino que rodea a los sucesores del apóstol Pedro, una labor que queremos agradecerle de corazón aquí y ahora.

8.
EL RAYO

Entrevista con Paul Badde para el canal
de televisión EWTN el 25 de junio de 2016

PAUL BADDE: Arzobispo, ¿qué pasó por su cabeza la noche del 11 de febrero de 2013, cuando un rayo cayó sobre la Basílica de San Pedro, el día que por la mañana había renunciado el papa Benedicto?

GEORG GÄNSWEIN: Escuché la tormenta esa noche, pero no vi el relámpago con mis propios ojos. Lo vi por primera vez en una foto y, por supuesto, muchas veces después. La impresión fue la de una señal recibida desde arriba, una reacción que puede relacionarse con los acontecimientos de la mañana, sí, quizás incluso deba hacerse. Fue una especie de reacción, y me pregunté si significaba algo bueno o si era un exhortación, algo así como: «Tened cuidado».

Produjo un verdadero estruendo. ¿Cómo reaccionó el Santo Padre?

Por lo que puedo recordar, Benedicto solo escuchó el rugido, no vio el relámpago. Así es que su impresión fue solo acústica, no óptica. Un día después le mostré unas fotos en la revista de prensa, unas fotos de la noticia de este relámpago. Y me preguntó: «¿Es cierto o solo un montaje fotográfico?». Entonces le dije que era real. Evidentemente, la naturaleza había hablado con mucha claridad.

A mí me pareció un rugido del inframundo. Y en ese entonces también me recordó al arcoíris que apareció sobre Auschwitz cuando el Papa Benedicto XVI habló en Birkenau. ¿Usted estaba allí?

Sí, estaba allí. En realidad, hubo dos arcoíris. Lo recuerdo muy bien. Fuimos allí y el clima era brutalmente desapacible. Llovía y nos preparamos para llevar a cabo su intervención bajo el paraguas. Pero cuando nos bajamos del coche, la lluvia paró, y mientras el papa daba su discurso, de repente apareció este arcoíris que nadie había esperado, que a nadie se le había ocurrido que podía manifestarse. Realmente fue un mensaje único y convincente desde arriba.

¿Hablaron ustedes del asunto esa noche?

Hablamos de ello en el coche, porque siempre hay tiempo para conversar. Le ayuda a reducir el estrés hablar de algo que acaba de experimentar y no de cosas importantes y difíciles. Así que el arcoíris fue una buena oportunidad para conversar. Estaba tan conmovido como fascinado.

El 28 de febrero de 2013, el mundo entero pudo ver sus lágrimas cuando salió usted del palacio con el papa. Estaban tan tristes como en un funeral y casi en estado de shock. Desde entonces, sin embargo, usted ha defendido apasionadamente el paso que dio el Santo Padre. ¿Cómo logró hacer las paces con esa decisión, que también cambió en un segundo su vida por completo?

Tiene razón, despedirme del Palazzo el 28 de febrero fue muy doloroso, me hizo daño y me afectó mucho. Bajamos las escaleras, salimos del Palazzo, cruzamos el patio de san Dámaso, fuimos en coche hasta el helipuerto y nos subimos al

66

helicóptero que nos llevó a Castel Gandolfo. Esa despedida me dolió. De hecho, no pude reprimir las lágrimas. No pude refrenarme. Han pasado tres años y muchas cosas entretanto. Hemos tenido mucho tiempo para pensar, para elaborar personalmente nuestras reflexiones. Algunas cosas han venido de fuera. El papa Benedicto XVI estuvo y está desde ese día completamente en paz con la decisión que tomó de dimitir; no ha dejado de creer en que el paso dado fue el correcto. Eso me ayudó personalmente a despedirme de mi resistencia inicial y a superar y aceptar lo que el papa Benedicto, después de una larga lucha consigo mismo, reconoció como lo correcto y decidió finalmente hacer.

Fue un día muy triste. ¿Cuál ha sido, a bote pronto, el día más feliz de los que ha estado sirviendo a Benedicto?

No sé si fue el día más feliz, pero tal vez sí fue el más decisivo: el día en que lo eligieron papa. En ese momento, el cardenal Ratzinger decidió que lo acompañase al cónclave como un supuesto *ecclesiasticus*. Junto con los médicos y todos los que no pudieron participar en las elecciones, esperé con entusiasmo el resultado entre la Sala Regia y la Sala de las Bendiciones. Por supuesto que todos estábamos emocionados y nerviosos; la atmósfera era especial. Cuando se abrió la puerta de la Capilla Sixtina y el más joven de los cardenales salió para decirnos que se había tomado una decisión, vi al papa Benedicto XVI de pie en la parte de atrás bajo el Juicio Final, todo de blanco, blanco sobre blanco. Fue uno de los momentos más decisivos de mi vida.

¿Porque toda su vida cambió en un instante?

Fue un gran punto de inflexión en su vida e indirectamente, por supuesto, también en la mía.

Usted fue ordenado arzobispo el 6 de enero de 2013. A esas alturas, hacía meses que sabía que estaba a punto de dimitir.

Lo sabía, sí.

¿Cómo logró permanecer contento y tranquilo? Se le veía verdaderamente alegre ese día.

Era el día de mi ordenación episcopal, que es la culminación del sacramento de la consagración, y celebraba el propio Benedicto, en un acto muy solemne; en mi caso, tal vez fuese el servicio divino más solemne en el que he participado. Me afectó como nada antes ni después me ha afectado. Claro que no fue fácil para mí, después de que el papa Benedicto XVI me hablara de su renuncia bajo el sello del secreto papal. Intenté aceptar su decisión. El hecho de que la compartiese conmigo confidencialmente fue una muestra de cuánto confiaba en mí, lo que por supuesto significaba que esperaba que yo fuera digno de esa confianza y guardase el secreto. Y eso hice, aunque luchaba con el Señor de vez en cuando. En última instancia, me enorgullece decir: «¡Gracias a Dios perseveré!».

Ahora que hemos hablado del día más triste y el más hermoso, ¿qué día lamenta más cuando echa la vista atrás en ese pontificado?

¿Lamentar? Lamento el día en que estuve postrado en cama, cuando estuve enfermo y vi todos los problemas que acompañaron al nombre de Williamson, una gran bola de nieve que rodaba como una avalancha hacia el papa sin que nadie pudiese hacer nada al respecto. No hubo escapatoria. Ese fue el día más difícil y triste y también el día más doloroso de mi vida como secretario del papa Benedicto.

¿Y no podía usted haber intervenido?

No pude intervenir porque era demasiado tarde. Benedicto ya ha dicho todo lo necesario sobre este asunto, y, lo que es más importante, escribió la famosa carta a los obispos, que es un documento único. Nunca olvidaré el 10 de marzo de 2009, cuando dijo lo que había qué decir, y estoy de acuerdo con su posición.

¡Sabemos por los exorcismos del poder de la oración! La oración puede hasta expulsar demonios. A veces pensé, y lo creo hasta el día de hoy, que el oficio de papa es en realidad imposible para los seres humanos y que solo se puede ejercer a través del apoyo de esos millones de oraciones que se rezan por el papa a diario, todas las mañanas, en cada misa, todas las noches, en todas las festividades, en todo el mundo. ¿Qué diferencia supuso que repentinamente todas estas oraciones le fueran retiradas? ¿No fue una gran pérdida, susceptible de ser sentida incluso físicamente?

Sí, pero hay algo que no encaja en su pregunta. Da la impresión de estar diciendo que estas oraciones realmente le fueran arrebatadas, pero no estoy seguro de eso. Por supuesto, con la elección de Francisco las oraciones oficiales fueron transferidas oficialmente al nuevo papa. Lo mismo ocurrió con Juan Pablo II y Benedicto XVI. Pero he tenido acceso a muchas cartas y contactos, y puedo decirle que las oraciones vertidas siguen siendo innumerables y si me guío por lo que escucho diría incluso que han aumentado.

¿Han aumentado?

Esa es mi impresión; estoy convencido de que no se ha olvidado al papa Benedicto en lo que respecta a las oraciones, es mucha la gente que sigue rezando por él.

¿Puede decirnos qué es lo que más le agrada a Benedicto después de su renuncia?

Sin duda se alegra de tener el tiempo del que dispone ahora. Tiempo con el Señor. Tiempo de oración, de reflexión, de lectura, y también para encontrarse en presencia de otras personas.

¿Se podría decir que ahora vive como un monje?

Eso es lo que él mismo dice. Ha comentado: «Sí, estoy jubilado. Vivo en un monasterio. Tengo un programa de vida monástica». Estoy con él todos los días y puedo confirmarlo.

Conozco a varios cardenales que todavía responden enojados cuando se les plantea que la Iglesia tiene actualmente dos seguidores vivos de san Pedro. Hace poco se ha hablado de una expansión del ministerio petrino, también de una potenciación que el papa Benedicto habría introducido con el paso que dio. ¿Puede explicar eso con un poco más de detalle?

Sí, se refiere usted a la presentación de un libro de un profesor italiano, Roberto Regoli, que hizo una primera valoración de su pontificado. Es profesor de la Universidad Gregoriana, donde se presentó el texto. Yo fui una de las dos personas que lo presentó, y sí, hablé de un pontificado potenciado. Para ser del todo claro, porque noté a través de algunas reacciones que me estaban culpando de cosas que ni siquiera dije, añadiría: por supuesto, el papa Francisco es el papa legítimo y legítimamente ha sido elegido. Cualquiera que hable de dos papas, uno legítimo y el otro ilegítimo, dice por tanto falsedades. Lo que realmente dije —también lo dice Benedicto— fue que él sigue presente en la oración y el sacrificio y que está allí en el «recinto» de San Pedro (es decir, en el distrito del Vaticano), lo cual constituye un fruto espiritual para su sucesor en la Iglesia. Eso es lo que dije. Hemos tenido dos papas vivos durante tres años, y recalco que la realidad que percibo queda reflejada en lo que he dicho.

Es lo que creí haber entendido en su momento, que todavía prestaba un servicio, pero solo en un papel contemplativo, sin poder de decisión. ¿Es eso lo que estamos viviendo ahora, con una parte activa y otra contemplativa, que juntas forman una extensión del munus petrinum?

70

Eso es lo que dije. Para ser más precisos: está muy claro que el papa Francisco posee la *plena potestas*, la *plenitudine potestatis*, el pleno poder de decisión. Él es quien sucede a Pedro. Y como dije, no hay equívoco alguno a este respecto. No hay competencia ni rivalidad. El sentido común, la fe y un poco de teología deberían bastar para zanjar este asunto.

¿Se imagina a dos papas eméritos, dos papas viviendo en los jardines tras haber dimitido, o tres, o incluso un papado de cuatro?

El papa Benedicto XVI abrió efectivamente una puerta cuando dio ese paso. No soy un profeta para predecir si un futuro papa lo seguirá en este sentido. Pero personalmente no tengo ninguna dificultad en creer que sea posible y realista.

¿Habría espacio para el papa Francisco, si fuese necesario?

Ya sea en la misma ubicación o en una diferente, esa es realmente una cuestión secundaria o de tercer grado.

Su padre era herrero y «fuerte como un roble», como dijo en una ocasión. ¿Cómo describiría al Santo Padre Benedicto? Obviamente, no es «fuerte como un roble». ¿Hay alguna expresión o frase que pueda usar para describirlo?

El papa Benedicto es para mí la persona que encarna la claridad espiritual, y lo hace no solo con una presencia intelectual increíble, sino también con una dulzura y bondad que desarman. No conozco a ninguna persona como él. Se ha convertido en un modelo duradero para mí y también en una importante persona en la que apoyarme.

¿Qué quedará de su pontificado?

El tiempo lo dirá. Lo veremos con el paso de los años. Creo que la historia revelará la grandeza de los temas que abordó el papa Benedicto XVI y mostrará que inicialmente desafiaron al ministerio, y también que sus respuestas a esas preguntas o desafíos han solidificado y dado forma a los cimientos de la Iglesia. Eso, sin dura, quedará.

Misericordia es la palabra clave para el papa Francisco. ¿Existe también una palabra clave para el pontificado de Benedicto?

Benedicto tiene una palabra fundamental que siempre ha estado con él, desde que fue profesor y cardenal. La mencioné cuando se presentó el libro. Es *veritas*, la verdad. La clave es que la verdad se hizo hombre en Cristo y la verdad es el gran tema de la vida de Benedicto, un tema que reverbera de diversas formas en su vida.

Esto significa que conocemos la verdad en Jesucristo, en quien encontramos su rostro. Benedicto XVI ha dejado a su sucesor un expediente explosivo sobre la situación en el Vaticano. Desde hace tres años, el papa Francisco intenta reformar la Curia. ¡Antes de la Navidad de 2014 la criticó drásticamente! Una doble pregunta: ¿la reforma de la Curia ya está mostrando resultados visibles? ¿Y hay alguna conexión con el dosier que el Papa dejó a su sucesor?

Primero, que quede claro: el dosier que el papa Benedicto XVI entregó a su sucesor el 23 de marzo de 2013 en Castel Gandolfo marca el primer encuentro entre ambos. Me refiero al expediente de la Comisión de Cardenales, tres cardenales seleccionados personalmente por el papa Benedicto XVI para investigar la situación que se llamó *Vatileaks* con el fin de arrojar algo de luz sobre la oscuridad. Estos tres cardenales se limitaron a informar al papa, no había autoridad mediadora, e hicieron un buen trabajo. Entregaron a Benedicto los frutos de su trabajo, junto con todos los documentos pertinentes, y el papa se llevó todo eso a Castel Gandolfo.

72

Sí, luego se lo dio al papa Francisco. Tengo mucho que decir sobre la cuestión de la reforma de la Curia y sobre si ya está dando o no sus frutos. En particular, al comienzo del pontificado, se pregonaron varias tesis. Se dijo que la Curia estaba en un estado desastroso: todo estaba podrido y en desorden y era hora de reformarlo todo, no solo el Instituto para las Obras de Religión (IOR), sino todo lo que se puede considerar incluido en la Curia. Tengo veinte años de experiencia ahora y creo que algunos de los que han tenido tanto que decir sobre la Curia solo saben lo que creen saber por la prensa sensacionalista, o tienen muy poco conocimiento y deberían dar un paso atrás y cambiar de marcha. Ciertamente, hubo y hay algunas dificultades, y hasta puede decirse que es necesario hacer algunos cambios en temas específicos. Hasta qué punto todo esto cae dentro del concepto de reforma curial ya es harina de otro costal. Si se observa seriamente no ha cambiado mucho. Claramente se han creado dos nuevas instituciones. Ya se verá si eso añade claridad. Con respecto al IOR, también llamado «Banco Vaticano», continúa el trabajo que se inició en el papado de Benedicto. Seré muy claro: una reforma en esta materia requiere tiempo para dar resultados. Con respecto a la llamada reforma de la Curia, tengo mucha curiosidad por saber cuál será el producto final, el resultado definitivo. Tengo curiosidad y me gusta que me sorprendan.

Poco después de su elección, el papa Francisco enfatizó que los pastores debían tener «el olor del rebaño». Usted conoce a muchos obispos. ¿Han cambiado o simplemente les está abandonando su aftershave*?*

Sí, hay algunos cambios obvios en cuanto al comportamiento visible. No me atrevo a decir si las actitudes personales han cambiado también. No soy el confesor de estos señores y tengo muy poco contacto con ellos como para pronunciarme abierta y honestamente al respecto. Solo puedo esperar que los cambios externos sigan el ritmo de la actitud interna, y que no sirvan para ocultar nada mientras están aquí, en el Vaticano, y vuelvan a las viejas costumbres tan pronto como la Basílica de san Pedro queda fuera de la vista.

«Las puertas del infierno no prevalecerán contra la Iglesia construida sobre la roca de Pedro», dice el evangelista Mateo. ¿Qué opina de las profecías de Malaquías, probablemente surgidas en los círculos de san Felipe Neri, según las cuales el papa Francisco será el último de los papas?

Ayer, 26 de mayo, fue la fiesta de san Felipe Neri. De hecho, si uno atiende a la profecía y considera que siempre ha habido una referencia apropiada a los papas en la historia, es algo que estremece, lo admito honestamente. Sin embargo, no es parte de la revelación. Nadie está obligado a aceptar las profecías de san Malaquías. Pero desde una perspectiva histórica, tienes que decir: «Sí, es una especie de llamada de atención».

Personalmente, tengo que decir que echo de menos la luz en las habitaciones del Palazzo cuando camino por la plaza de San Pedro por la noche. ¿Cómo se siente cuando ve el apartamento papal en el que vivió durante tanto tiempo, que ahora está a oscuras?

Por las noches, normalmente estoy en una habitación pequeña, preparando el correo para el día siguiente u otras cosas que hacer, así que no veo el Palazzo a menudo. Por supuesto, lo he visto muchas veces cuando caminaba por la Via della Conciliazione. Me pasa siempre que vuelvo a la ciudad a pie. Me gusta hacer eso porque me sienta bien y me viene bien. De modo que cuando camino hacia la plaza de San Pedro y miro el Palazzo, veo algunas luces que todavía siguen encendidas en la Prima Loggia, el cuarto del cardenal secretario de Estado. Cuando veo la segunda y tercera Loggias completamente oscuras, siento un poco de melancolía. Estaba acostumbrado a las luces y no sé si alguna vez me acostumbraré a ver esas ventanas oscuras por la noche.

Llegamos a la última pregunta. En cierta ocasión habló de su sueño, el sueño de su infancia de convertirte en cartujo. ¿Todavía tiene sueños? Y, de ser así, ¿cuáles?

De hecho, lo tenía en mente cuando estaba en el segundo semestre de mis estudios de teología y fui a Marienau, un monasterio cartujo en Allgäu, durante una semana con un amigo. Tras mi regreso sentí esta llamada y lo hablé con un viejo cartujo que me dio el siguiente consejo: «Escucha, si la llamada que has recibido es realmente seria, perdurará. Primero regresa y termina tus estudios. Tendrías que terminarlos de todos modos, incluso si te unes a nosotros ahora. Si el buen Dios quiere que te conviertas en cartujo, se encargará de que en cinco o seis años a contar desde ahora lo seas. Si no, entonces tal vez se trataba de una vocecita causada por un momento de entusiasmo y que no provenía de arriba». Me tomé en serio el consejo; de hecho, mientras estudiaba, me di cuenta de que el Señor tenía para mí otra cosa en mente. Hablar hoy de un sueño sería una exageración. Pero a veces me gustaría poder cuidar activamente de las almas y así tener más ese «olor del rebaño», por usar la imagen del papa Francisco. Aquí, sin embargo, el olor de la segunda Loggia y el olor del Vaticano siguen siendo muy fuertes. Estoy tratando de tener un poco más de tiempo para lo otro, pero ahora mismo es imposible, simplemente no me da la vida. Así que trato de adaptarme y aceptar el olor que se está extendiendo por aquí y contribuir a que se extienda.

Muchas gracias por la entrevista. Deseamos que el buen Dios le siga protegiendo.

9.
LA PERSPECTIVA ROMANA
SOBRE BENEDICTO, FRANCISCO
Y EL IMPUESTO ECLESIÁSTICO[1]

HENDRIK GROTH: ¿Cómo está el papa Benedicto?

GEORG GÄNSWEIN: Ya no es papa, sino emérito. En abril cumplió ochenta y nueve años y recientemente celebró su sesenta y cinco aniversario como sacerdote. También hubo una pequeña celebración con el papa Francisco, algunos cardenales y unos pocos invitados personales. Tiene la mente muy clara y despierta, está bien. Las piernas las tiene algo cansadas. Se le hace especialmente difícil caminar. Se maneja con el andador, que le da estabilidad y seguridad. La psicología es tan importante como la fisiología. Pero las fuerzas simplemente menguaron. Incluso un papa emérito es una persona que está sujeta a estas leyes naturales.

¿Cómo transcurre la vida diaria?

La rutina diaria es sencilla. Comienza con la Santa Misa de la mañana. De vez en cuando concelebro, hay también otros

---

[1] Entrevista con Hendrik Groth, redactor jefe del *Schwäbischen Zeitung*, el 18 de julio de 2016.

sacerdotes e invitados. Después de eso el breviario, luego el desayuno. La mañana tiene el siguiente ritmo: oración, lectura, correspondencia, visitas. Luego viene el almuerzo y ahí estoy de nuevo. Después de comer damos dos o tres vueltas por la azotea. Sigue el descanso de la tarde. Por la tarde pasa mucho tiempo leyendo y contestando las cartas; todavía recibe muchos correos de todo el mundo. Alrededor de las siete de la tarde vamos a los Jardines del Vaticano y rezamos el rosario, luego cenamos y vemos las noticias italianas. Por lo general, tras eso se retira y yo hago lo mismo. El domingo tiene una rutina más dominical, no hay trabajo, pero hay música y cultura.

Usted es también quien media entre el actual papa Francisco y Benedicto. Una vez dijo, poco después de la elección del nuevo papa, que en términos teológicos no cabría ni una hoja de papel entre las posturas de Benedicto y Francisco. ¿Seguiría diciendo eso transcurridos estos años?

Ya me hice la pregunta; y todavía lo afirmo, a tenor de cuanto veo, oigo y percibo. En todo caso, existe una continuidad entre las líneas básicas de sus convicciones teológicas. Por supuesto, también soy consciente de que las diferentes formas que tienen de presentarlas y formularlas pueden suscitar ocasionalmente dudas. Pero si un papa quiere cambiar algo en su enseñanza, tiene que decirlo claramente para que también sea vinculante. Los conceptos doctrinales importantes no se pueden cambiar con frases a medias o notas a pie de página no demasiado concluyentes. La metodología teológica tiene unos criterios claros a este respecto. Una ley que no es de suyo clara no puede obligar. Lo mismo ocurre con la teología. Las declaraciones oficiales que conforman la enseñanza deben ser claras para que sean obligatorias. Las declaraciones que permiten distintas interpretaciones tienen sus riesgos.

¿No es también una cuestión de mentalidad? El papa es de Buenos Aires. Los argentinos tienen un sentido del humor especial, sus guiños, por así decirlo.

Por supuesto, la mentalidad también desempeña un papel en todo esto. El papa Francisco está fuertemente influenciado por sus experiencias como provincial jesuita y especialmente como arzobispo de Buenos Aires en un momento en que el país estaba muy tocado económicamente. En ese momento, esa metrópoli se convirtió en el lugar de sus desvelos y alegrías. Y allí, en esta gran ciudad y megadiócesis, la gente ya pudo comprobar que cuando está convencido de algo, lo aplica y no se deja arredrar por nada ni nadie. Lo mismo puede decirse ahora que es el obispo de Roma, el papa. Solo hay que aceptar el hecho de que a veces es un poco impreciso, e incluso podría parecer frívolo, en comparación con sus predecesores. Cada papa tiene su propio estilo personal. Es su forma de hablar, incluso a riesgo de dar lugar a malentendidos, e incluso a interpretaciones aventuradas. Será siempre una persona sin pelos en la lengua.

¿Existe una brecha entre los cardenales, y entre los cardenales de diferentes continentes que ven y entienden al papa de manera distinta?

Antes del sínodo de los obispos, en octubre pasado, se habló de una especie de estado de ánimo a favor y en contra del papa Francisco. No sé quién dispuso la escena en tales términos. Me cuidaría mucho de hablar de una distribución geográfica de quienes están a favor y en contra. Es cierto que los episcopados africanos hablaron con mucha claridad sobre ciertos temas. Episcopados, es decir, conferencias episcopales completas y no solo obispos individuales. No fue el caso en Europa y Asia. Aun así, no creo mucho en esta teoría de la división. Sin embargo, en honor a la verdad, también hay que añadir que algunos obispos están realmente preocupados de que la estructura doctrinal pueda sufrir como resultado de la falta de un lenguaje cristalino.

A veces uno tiene la impresión de que los católicos conservadores que exigieron lealtad al papa por parte de sus hermanos y hermanas progresistas durante el pontificado de Benedicto, ahora tienen un problema con el mismo Francisco. ¿Es eso cierto?

La certeza de que el papa era considerado sólido como una roca, como el último ancla, de hecho, ha empezado a flaquear. No estoy en condiciones de juzgar si esta percepción corresponde a la realidad y refleja correctamente la imagen del papa Francisco o si no es más que lo que quieren transmitir los medios. Por supuesto, ha aumentado la incertidumbre, e incluso la confusión y el desorden. Poco antes de su renuncia el papa Benedicto XVI, hablando del Concilio Vaticano II, se refirió a la existencia de un auténtico «concilio de los Padres», que enfrentó al más bien virtual «concilio de los medios de comunicación». Tal vez pueda decirse ahora algo similar del papa Francisco. Existe una brecha entre los medios y la realidad de los hechos.

Por otro lado, Francisco logra entusiasmar a la gente con la Iglesia católica.

De hecho, el papa Francisco puede atraer y retener la atención del público. ¡Y es algo que puede llevar más lejos, mucho más allá de la Iglesia! Tal vez pueda decirse que lo consigue más fuera que dentro de la Iglesia católica. La atención que presta al papa el mundo no católico, incluso en Alemania, es considerablemente mayor que la de sus predecesores. Por supuesto, esto tiene que ver con su estilo poco convencional y con el hecho de que se gana la confianza de los medios con gestos comprensivos e inesperados. Las noticias positivas juegan un papel esencial en la percepción de las personas.

¿Siente el papa Francisco nostalgia?

Todavía no ha dicho nada a este respecto. Sin embargo, hace unos días, en una entrevista con el diario más importante de Argentina, hizo declaraciones muy claras sobre su país y su gente.

¿Hay un punto de inflexión en la Iglesia católica en la persona de Francisco? ¿Hay un cambio en una dirección completamente nueva?

Si uno observa su vida espiritual, si escucha lo que predica, exige y proclama, reconoce en él a un jesuita clásico de la vieja escuela ignaciana, en el mejor sentido de la palabra. Si este hombre marca el comienzo de una nueva era es en la medida en que hace declaraciones claras sin que le preocupe la corrección política. Eso es liberador, es bueno y necesario. Esta actitud valiente es seductora y la gente la agradece con simpatía, incluso con entusiasmo. Tal vez se pueda hablar de un nuevo comienzo, de un punto de inflexión en este sentido.

Aunque el papa sea tan popular, cada vez hay más personas que abandonan la Iglesia en Alemania.

Unos meses después de la elección del papa Francisco, un obispo habló de un «efecto Francisco» y agregó con orgullo que ahora era bueno volver a ser católico. El viento de cola para la fe y la Iglesia se puede sentir y percibir públicamente. ¿Es eso realmente cierto? ¿No debería la vida católica ser más animada, mejorar la asistencia a los servicios de la Iglesia, aumentar el número de vocaciones al sacerdocio y a la vida religiosa, y constatarse un retorno por parte de quienes han dejado la Iglesia? ¿Qué significa el «efecto Francisco» en concreto para la vida de la fe en nuestra patria? Visto desde el exterior, no hay señales importantes de que un cambio se haya producido. Mi impresión es que el papa Francisco disfruta de altos niveles de simpatía como persona, más altos que los de cualquier otro líder mundial. Sin embargo, para la vida de la fe y la propia identidad religiosa, esto apenas parece tener influencia. Me temo que los datos estadísticos, si no mienten, confirman mi impresión.

El sistema fiscal de la Iglesia alemana está siempre sobre la mesa. Benedicto XVI ha sido crítico en varias ocasiones sobre este asunto.

El sistema también es difícil de reconciliar con la Iglesia pobre que quiere Francisco. ¿Está bien que quien no paga impuestos eclesiásticos, para decirlo sin rodeos, sea expulsado?

El tema del impuesto eclesiástico no tiene fin. Por supuesto, la pregunta está justificada en cuanto a si el sistema que tenemos en Alemania es una forma apropiada de apoyar financieramente a la Iglesia. Siempre hay que tener en cuenta las razones históricas para el desarrollo del sistema de impuestos de la Iglesia, a fin de abordar adecuadamente la pregunta; lo contrario, es un callejón sin salida. Hay dos puntos de vista irreconciliables entre sí. Unos dicen que hay que deshacerse del impuesto eclesiástico; otros lo consideran un bien para la fe. Ambos extremos no son buenos. En Italia, por ejemplo, todos los empleados asalariados deben pagar un impuesto cultural. Esto podría aplicarse a la Iglesia católica, aunque no es necesario. No hay alternativa a renunciar, como ocurre en Alemania, para evitar la obligación de pagar. Con esto se ve que el impuesto eclesiástico no es un impuesto sobre el culto, sino un impuesto sobre la confesión. Si es demasiado alto para mí, me salgo y me ahorro esa suma. Por supuesto, no es bueno que la gente —como usted dice— sea expulsada cuando ya no quiere pagar el impuesto eclesiástico.

El problema es que, si alguien no paga los impuestos de la Iglesia y la abandona para ahorrarse el dinero, básicamente es excomulgado.

Sí, este es un problema grave. ¿Cómo reacciona la Iglesia católica en Alemania ante una persona que abandona la Iglesia? ¡Con la exclusión automática de la comunión eclesiástica, es decir, con la excomunión! Eso es una exageración, es incomprensible. Puedes cuestionar los dogmas; eso no parece dañar a nadie, no se echa a nadie por ello. ¿Es el pago de impuestos a la Iglesia una ofensa más grande contra la fe que una ofensa contra las verdades de la fe? La impresión que se da es la siguiente: mientras la fe esté en juego, no hay tragedia alguna, pero en cuanto el dinero entra en juego, se acaban las bromas. Emplear la afilada espada de la excomunión por abandonar la Iglesia por motivos económicos es un recurso inapropiado y necesita ser corregido.

Ha vivido en Roma durante muchos años. ¿Ha hecho eso cambiar su visión de Alemania?

Sí, por supuesto. Mi perspectiva se ha vuelto más amplia, más profunda y completa. Simplemente porque aquí he ganado en experiencia y conocimiento a través del encuentro diario con personas de todo el mundo, que amplían mis horizontes y los enriquecen tanto humana como espiritualmente. Una de las experiencias que viví personalmente es que algunas cosas que en Alemania damos por sentadas como realidad eclesiástica son desconocidas en otros países, aunque la fe sigue muy viva. Llegados a este punto no quiero poner en la picota el enorme corsé organizativo de las instituciones católicas. Pero si habla con otros hermanos que vienen de otros países y les dice cuántas personas, por ejemplo, están empleadas en sedes episcopales alemanas u otras organizaciones eclesiásticas, como poco fruncirán el ceño. No dan crédito. La gran cantidad de dinero que fluye hace posibles muchas cosas, pero siempre conlleva un riesgo de asfixia. Por supuesto, la riqueza debe administrarse bien. ¡El dinero no pertenece al obispo, ni al cabildo catedralicio, ni a una fundación! Tienen la gran responsabilidad de que el dinero se utilice en fideicomiso de acuerdo con el mandato de predicación de la Iglesia.

Y, sin embargo, se aplica la sentencia del papa Benedicto: la Iglesia debe renunciar a sus bienes para preservar su bien.

Si los bienes se oponen en última instancia a la buena fe, entonces solo hay una posibilidad: hay que librarse de ellos. Las arcas llenas y las iglesias vacías; esa discrepancia es terrible, no puede durar mucho más tiempo. Cuando suenen las cajas registradoras de los bancos y los bancos de la iglesia se vacíen, antes o después habrá una implosión. ¡Una Iglesia vacía no se puede consumar! ¿A quién se sirve cuando una diócesis es extraordinariamente rica pero la fe se está agotando gradualmente? ¿Estamos tan secularizados que la creencia apenas juega un papel o incluso se ve como un lastre? Un lastre es algo que se tira cuando ya no hace más falta. ¿Ya no somos capaces de proclamar la fe de tal forma que la gente sienta que es algo grande, algo bello, que enriquece y hace la vida más profunda?

Cuando se trata de llenar obispados vacantes en Alemania, su nombre sigue apareciendo. Siempre es el principal favorito cuando se desatan los rumores. ¿Todavía se imagina asumiendo ese deber?

Cuando la gente habla de los favoritos en una carrera lo que intenta es quemarlos. Esa es la verdadera razón para nominarlos: es un juego transparente. Tengo dos tareas importantes que cumplir aquí y ahora: soy prefecto de la Casa Pontificia y secretario del papa emérito, a quien he prometido servir hasta el último de sus días. Por supuesto, su renuncia no cambia en nada este compromiso. En cuanto a las vacantes de obispos en Alemania, excepto en Baviera, donde se aplica una regulación ligeramente diferente, el capítulo de la catedral elige al obispo de una lista de tres personas. ¿Cree usted que si mi nombre apareciese allí alguna vez un capítulo me elegiría? Es poco probable. No me duele en absoluto. Sin embargo, sí me parece injusto que las partes interesadas sigan acudiendo una y otra vez a este juego.

Como colaborador desde hace mucho tiempo de la Congregación para la Doctrina de la Fe, como secretario del cardenal Ratzinger y del papa Benedicto, obviamente llevo una «marca de Caín». Soy claramente «identificable» desde el exterior. De hecho, es así: nunca he ocultado lo que pienso. De alguna

84

manera logré etiquetarme públicamente como alguien escorado a la derecha o de la línea dura, sin que nunca se ofrecieran ejemplos concretos que lo justificasen. Si es porque no hablo en términos oscuros e indescifrables, sino de manera sencilla, entonces tengo que decir: sí, es cierto. Me quedo con eso. Ahora y en el futuro. Los capítulos de la catedral no son exactamente ejemplos de la más alta lealtad a Roma. No tengo la ambición de asumir el control de un obispado alemán.

Tiene usted una imagen mucho más positiva entre los laicos en Alemania. Es popular. En los medios de comunicación ya no se puede quitar la etiqueta de ser «el George Clooney del Vaticano», como si fuera usted una figura destacada del cine internacional.

Eso probablemente no me ha ayudado, al contrario. El *establishment* de la Iglesia tiene una imagen negativa de mí. No soy uno de sus favoritos.

¿Todavía tiene tiempo para cultivar aficiones?

Me tomo tiempo, cuando lo tengo, para irme a la montaña. Tengo que salir una vez al mes. Luego me voy a los Abruzos con un par de hermanos. Durante tres años, he tenido en mi lista de cosas que hacer retomar la raqueta de tenis, pero lo he ido postergando, y hasta ahora no he podido. Uno descuida la lectura, descuida la música. Si es posible, camino cuando me dirijo al trabajo. Pero necesito la montaña, porque es una especie de limpieza exterior e interior.

¿Es cierto que es hincha del Bayern de Múnich?

Es verdad. Desde que tenía cuatro años. Pero tengo que decir que recientemente también el equipo de mi hogar, el SC Freiburg, ha echado raíces en mi corazón futbolístico. Siento una gran simpatía por ese equipo.

Por favor, mire por un instante a la Iglesia católica en Alemania como si fuese un equipo de fútbol, su equipo. ¿Qué crítica le vendría en primer lugar a la mente?

Falta delantera en ese equipo. En el centro del campo, hay mucho tiqui-taca, mucho pasarse el balón unos a otros; el juego no fluye, lo principal para todos es no asumir riesgos. Hoy en día no se puede ganar así jugando al fútbol.

¿Vio la final del Mundial entre Argentina y Alemania con el papa Francisco?

(En susurros): Él no la vio. No quiso.

10.
LA ANUNCIACIÓN, HOY.
SOBRE LA EVANGELIZACIÓN[1]

¿Debe un obispo tener un doctorado en teología o en derecho canónico? ¡Una pregunta extraña! No la plantea un católico moderno de esos que han desarrollado cierta aversión a todo lo legal en la Iglesia; no es infrecuente toparse con gente así. La plantea el gran comentarista de santo Tomás de Aquino en el siglo XVI e importante oponente de Martín Lutero en las disputas de la Reforma, el cardenal Tomás Cayetano. Él dio una respuesta tan asombrosa como clarividente. En primer lugar, se expresó en estos términos sobre una posición que estaba muy extendida en aquel momento: «Algunos dicen lo siguiente sobre esta cuestión: aunque los obispos en la antigüedad estaban más interesados en el conocimiento teológico que en el conocimiento legal, porque en ese momento había que actuar contra los herejes con la espada de la teología, hoy se recomienda más bien que los obispos posean conocimientos jurídicos, porque surgen más cuestiones que conciernen a la ley antes que a la fe».

---

[1] Conferencia pronunciada en Altötting el 10 de septiembre de 2016.

El juicio del cardenal Cayetano sobre este posicionamiento es inequívoco: «Los que sostienen este punto de vista están totalmente equivocados. Aunque solo sea porque el oficio de los obispos, tal y como lo asumen en la consagración, es predicar. El tema del sermón no es la justicia, sino la buena nueva, ya que el Señor dice: "Id al mundo entero y proclamad el Evangelio a toda la creación" (*Marcos* 16,15); se entiende que esto remite a las Sagradas Escrituras, que consisten realmente y hablando con propiedad en conocimientos teológicos».

El cardenal Cayetano sostenía decididamente que los obispos tienen la obligación en todo momento de ser teólogos porque son ante todo predicadores y sirven a la Palabra de Dios. En pocas palabras: el anuncio de la Palabra de Dios debe ser siempre prioritario en la vida y en la actuación de obispos y sacerdotes. Esta no es solo la opinión del cardenal Cayetano en el siglo XVI, también es la creencia de Benedicto XVI casi medio milenio después: «Dar a conocer al mundo entero la belleza del Evangelio, proclamando a Jesucristo como verdadero Dios y verdadero hombre», este sigue siendo el alto deber y la misión elevada de la Iglesia en todo momento, según dijo Benedicto XVI en su carta apostólica para la creación del Pontificio Consejo para la Promoción de la Nueva Evangelización en 2010.

Todos los bautizados están llamados a participar de esta inmensa tarea. Se les ha concedido el inestimable don de la fe y por tanto sienten el deseo ardiente de transmitir este precioso don y compartirlo con otras personas.

La evangelización está especialmente encomendada a los ministros ordenados en la Iglesia, que deben seguir a los apóstoles que llevaron el mensaje de Jesucristo al mundo. Su misión debe continuar en nuestro tiempo. Porque no sería signo de una fe agradecida suponer que la misión evangelizadora solamente alcanzaba a los apóstoles y que con ellos se agotó la fuente de la gracia de Dios. Por otro lado, san Agustín subrayó con gran firmeza que la fuente de la gracia de Dios se revela solo cuando fluye y no cuando ese flujo se detiene: «De esta manera, la gracia llegó a otros también a través de los apóstoles enviados para proclamar el Evangelio […] y de hecho ha nutrido el cuerpo de su Hijo unigénito hasta estos días, es decir, a su Iglesia esparcida por toda la tierra».

De ahí se desprende que el anuncio de la Palabra de Dios en la vida y ministerio de los obispos y sacerdotes es el requisito previo fundamental para el avance de la nueva evangelización. Pero esto es especialmente cierto en la situación pastoral de la Iglesia hoy en día, y ello por tres razones.

Primero, la tarea de proclamar la Palabra de Dios debe llevarse a cabo en un mundo anegado de palabras. Como hay inflación de palabras, seguimos diciendo: «No son más que palabras». El número de palabras se ha incrementado inmensamente en el mundo de hoy; pero su valor también ha disminuido en la misma proporción. Dada esta inflación, hay un gran peligro de que incluso aquellas palabras que están en el centro de la predicación cristiana sean escuchadas como meras palabras, sin valor. Unamos a esto que existe la tentación de confiar en palabras humanas en lugar de orientarse por la Palabra de Dios y así caer presa de la enfermedad que un conocido teólogo alguna vez llamó «logorrea». Por eso hay hoy tan pocos que escuchen —y los que escuchan lo hacen con dificultad— la palabra única, la Palabra de Dios, entre las muchas palabras de la vida diaria. A resultas de ello, la Iglesia adopta el aspecto de una mera comunidad de palabras humanas y deja de ser la Iglesia de la Palabra de Dios.

En esta situación los predicadores de la Palabra de Dios son llamados y obligados a documentar con todo su trabajo y ante todo con su propia existencia que la vida de las personas no es una mera cuestión de palabras, sino de «palabras de vida eterna» (*Juan* 6, 68).

El significado original de la palabra griega *evangelion* ya apunta a este significado de peso. Cuando el Evangelio vino al mundo con Jesucristo, el término no sonaba tan hermoso e inofensivo como suele parecernos hoy en día cuando nos referimos a la «buena nueva». En tiempos de Jesús, la palabra *evangelion* era esencialmente política, pertenecía a la «teología política» de aquellos tiempos. De hecho, todos los decretos del emperador se llamaban *evangelion*, hasta en los peores casos, en los que no contenían para los afectados precisamente «buenas nuevas». Un evangelio, traducido simplemente, es un mensaje imperial. El hecho de que fuesen «buenas nuevas» no tenía que ver con el contenido, sino con el hecho de que provenían del emperador, de la persona que, supuestamente, tenía el mundo en sus manos.

En este importante sentido, el mensaje de Jesús también es *evangelion*. Por supuesto, no porque el mensaje nos guste de inmediato o porque sea conveniente o agradable, sino porque proviene de alguien que ya no presume como el emperador de ser Dios, declarando que sus mensajes son evangelios, sino de quien es el Hijo de Dios, que guarda en su *evangelion* la clave de la verdad y, por tanto, del verdadero gozo. Aunque la verdad del Evangelio no siempre nos parezca conveniente a los cristianos, solo ella puede hacernos libres y felices, porque en esta palabra del mensaje del Rey resuena la vida eterna.

La Iglesia está al servicio del anuncio de la Palabra de Dios como palabra de vida para los hombres. Este enfoque de su misión en transmitir la Palabra de Dios también es necesario por una segunda razón. Uno de los grandes desafíos a los que se enfrenta la situación pastoral actual es que la transmisión de la fe a la siguiente generación se ha convertido en una cuestión de supervivencia para el cristianismo. Tenemos que enfrentarnos cada día más al hecho de que incluso las formas tradicionales históricamente desarrolladas para introducir y transmitir la fe y la vida de la Iglesia, y los ámbitos de aprendizaje de la fe (familia y parroquia, instrucción religiosa y escuela), se están volviendo cada vez más débiles y están colapsando por momentos. No es solo que en muchas familias ya no tenga lugar una primera socialización en la vida de la Iglesia; es que la transmisión de la fe es cada vez más precaria también en la escuela. Incluso la instrucción religiosa, que por lo general solamente puede actuar subsidiariamente, solo es posible que crezca sobre un suelo de creencias ya existente.

A pesar de la gravedad de estos cambios, el foco pastoral dominante sigue puesto en la sacramentalización de la vida humana y no en la evangelización, que en una situación misionera debe ser sin duda la perspectiva orientadora decisiva de la pastoral eclesial. La Iglesia sólo puede responder a esta situación si la perspectiva pastoral recupera su dimensión original, es decir, evangelizadora. Se subraya con razón que la categoría tradicional de «católico practicante» es poco significativa en la situación eclesiástica actual, o al menos solo se aplica a una pequeña minoría, y que la mayoría debería ser vista como «peregrinos» y «conversos». Pero estas personas no son cristianas, sino que están en proceso de llegar a serlo. Los peregrinos y conversos aún no son cristianos convencidos, son personas que están en busca de sus convicciones existenciales y solo se convierten en cristianos cuando se encuentran con individuos convencidos de ser cristianos y con comunidades cristianas.

En esta situación tan difusa, la Iglesia tiene que partir del «predominio pastoral de la palabra frente al sacramento». De ahí que esto reclame un «cambio de paradigma pastoral», en el sentido de que la provisión de sacramentos a nivel nacional ya no puede ser la directriz dominante de la atención pastoral, como ocurrió en los siglos pasados en el contexto popular de la Iglesia. Hay que pasar a la «prioridad pastoral de la evangelización» y, por tanto, a la transmisión de la fe, que es al mismo tiempo el requisito previo para el cuidado pastoral sacramental.

Esto nos lleva a una tercera razón en la situación pastoral actual: la escasez de sacerdotes. Esta escasez, que en nuestra parte del mundo ha alcanzado proporciones alarmantes, está llevando a que sean más sacerdotes quienes conciban que lo prioritario de su misión no es el servicio al Evangelio, sino la celebración de los sacramentos. Mientras tanto, el servicio de la Palabra de Dios se delega más y más en otros ministros de la Iglesia. Esto incluye hasta la predicación durante la celebración de la Eucaristía, como ocurre en algunas diócesis.

Esta práctica no presenta ningún problema si se contempla la homilía durante la celebración de la Eucaristía desde un punto de vista puramente funcional. Sin embargo, se convierte en un problema si se siguen las instrucciones de la constitución litúrgica del Concilio Vaticano II, que calificó dicha homilía como «parte del acto litúrgico». Si la homilía no es simplemente una parte especial comentada que interrumpe la liturgia, sino que pertenece al acto sacramental mismo, entonces está esencialmente ligada al ministro ordenado. El sacerdote que trae la Palabra de Dios a la comunidad celebrante, representa a Cristo en la proclamación de la Palabra, y subsiguientemente combina la Palabra proclamada con el sacrificio de Cristo, que se ofrece al Dios trino en la oración eucarística. He ahí una razón nada desdeñable por la que, en la actual situación pastoral, los obispos y sacerdotes deben volver a su misión principal de proclamar el Evangelio.

Con un tema tan fundamental, surge inevitablemente la pregunta de qué se entiende exactamente por «Palabra de Dios». Incluso una breve mirada al panorama teológico actual muestra que hay dos direcciones opuestas en el modo de responder a esto. Unos identifican inmediatamente la Palabra de Dios con las Sagradas Escrituras, lo que origina cierta visión unidireccional y, en consecuencia, un regreso al principio de la Reforma de la *sola scriptura*. Otros asumen una comprensión más completa y subrayan que la Palabra de Dios no es principalmente una escritura, sino una realidad personal, es decir, que Jesucristo mismo es la Palabra Viva de Dios. En este sentido fundamental, la Palabra de Dios precede a la Escritura y es principalmente una persona, es decir, el Hijo de Dios encarnado. En él Dios se reveló a sí mismo; y esta revelación ha encontrado su testimonio auténtico en las Escrituras.

La carta apostólica *Verbum Domini* de Benedicto XVI sobre la Palabra de Dios se decanta sin ambages en esta segunda postura. En consecuencia, si la revelación de Dios en su Palabra no es simplemente idéntica a las Sagradas Escrituras, entonces debe entenderse como algo más de lo que está escrito. Más bien, la revelación de Dios es preexistente a la Sagrada Escritura «y se refleja en ella, pero no es simplemente idéntica a ella».

La palabra «revelación» describe la acción de Dios tal y como se manifiesta en la historia. Es un acontecimiento vivo, personal y comunitario, y solamente puede llegar a su fin cuando es aceptado por su destinatario en la fe. En la medida en que una revelación que no es aceptada tampoco puede ser revelada a nadie, el concepto de revelación incluye siempre al sujeto que la recibe, «alguien que se da cuenta de ella». En consecuencia, la revelación de Dios tiene un fin específico: apunta a la escucha receptiva de la Palabra de Dios.

Las consecuencias de entender así la nueva evangelización son de una gran importancia. Porque el énfasis en la especial dignidad de la Palabra de Dios como persona es un importante hito en el diálogo interreligioso. En la tendencia general actual, en la que las diversas religiones se consideran igualmente válidas para vehicular la relación entre las personas y Dios, existe también el peligro de olvidarse de que el cristianismo no es una religión del libro, como el judaísmo y el islam en otros aspectos, sino una relación de amistad íntima con Jesucristo como Palabra Viva de Dios. Sin esta amistad, las Sagradas Escrituras carecerían de efecto. Lo específico del cristianismo puede condensarse en la declaración central: «El cristianismo tiene escrituras sagradas, pero no es una religión del libro. En el centro del cristianismo está el Dios-Hombre: Jesucristo. A través de él, lo humano está conectado con lo divino y Dios con el hombre».

El uso del término «Palabra de Dios» arroja luz sobre una diferencia básica que todavía hoy existe entre la Iglesia católica y las comunidades eclesiásticas que surgieron de la Reforma. La teología de la Reforma define a la Iglesia únicamente en términos de la Palabra de Dios proclamada *pure et recte,* y la administración de los sacramentos como una manera de mantenerse en el Evangelio, y entiende la Palabra de Dios como un factor opuesto a la Iglesia y como un correctivo al ministerio de la Iglesia. En contraste con esta concepción de la Palabra de Dios, la Iglesia católica no solo describe el ministerio como una parte importante de su esencia, sino que sobre todo considera la Palabra de Dios y la Iglesia en una relación recíproca. En palabras de Ratzinger: «No conoce una palabra independiente opuesta a la Iglesia, sino que más bien la Palabra vive en la Iglesia como la Iglesia vive por la Palabra; una relación de mutua dependencia y referencia».

Puesto que el cristiano, en tanto individuo, no cree por sí mismo, sino solo con toda la Iglesia, y puesto que el «yo» del Credo es el «nosotros» de la Iglesia, el pueblo de Dios es el destinatario real de la revelación de Dios y su auténtica articulación en las Sagradas Escrituras. Esto ya es evidente por el hecho fundamental de que hasta el desarrollo de la Sagrada Escritura es una expresión de la fe de la Iglesia. La Sagrada Escritura es un libro de la Iglesia que ha surgido de la tradición de la Iglesia y se transmite a través de ella, de modo que la formación de la Escritura y la formación de la Iglesia deben considerarse como un evento único.

Sin la Iglesia no se podría hablar en absoluto de Sagradas Escrituras. Sin la Iglesia, estas no serían más que una colección histórica de escritos cuya creación llevó todo un milenio. Esta colección de literatura dio lugar a la Biblia, un libro que comprende las Sagradas Escrituras del Antiguo y del Nuevo Testamento a través del pueblo de Dios y de su devenir por la historia. «Las Sagradas Escrituras no son un conjunto de setenta y tres libros posteriormente agrupados en un solo paquete, sino que han crecido como un árbol. Al final, se injertaron ramas completamente nuevas en este árbol: el Nuevo Testamento. Pero estas ramas también se alimentan de la savia de un árbol y son transportadas por su tronco».

Si tomamos esto en cuenta, no podemos simplemente examinar los distintos libros individuales de la Escritura de forma separada; más bien, debemos leer las Sagradas Escrituras como una «novela por entregas» de esa «autora de *bestsellers*» a la que llamamos Iglesia.

Por ser la compilación de varios escritos, la Sagrada Escritura es obra de la tradición eclesiástica. Un elemento constitutivo en este proceso de compilación fue precisamente la preeminencia de la sede episcopal romana. En este sentido, también puede demostrarse históricamente que el reconocimiento de Roma como «criterio de la correcta fe apostólica» es más antiguo que el canon del Nuevo Testamento como «Escritura». De ahí que un ecumenista católico diagnosticase correctamente el principio protestante de la escritura en el sentido de *sola scriptura* como «el problema ecuménico central», ya que de hecho tal principio se basa en la misma decisión de la Iglesia primitiva que teóricamente trata de invalidar. Esta paradoja revela que la Iglesia, como creadora, tradición e intérprete del canon bíblico, no puede ser eludida, como hacen la teología reformada e incluso algunos exégetas católicos.

La Sagrada Escritura es y sigue siendo un libro vivo sólo para el pueblo de Dios, que es quien la recibe y se apropia de ella. Y, al contrario, este pueblo de Dios no puede existir sin la Sagrada Escritura, porque en ella está su base vital, su vocación y su identidad. Por tanto, no hace falta decir que el espacio vital en que el pueblo de Dios encuentra de manera especial la Palabra de Dios en la Sagrada Escritura es el culto de la Iglesia. La liturgia es el lugar privilegiado donde se proclama la Palabra de Dios. «Todo acto litúrgico está por su propia naturaleza impregnado en las Sagradas Escrituras», subraya Benedicto XVI en su ya mencionada carta apostólica *Verbum Domini*.

Dado que el culto es el lugar más importante donde se proclama la Palabra de Dios y se conoce la fe, la liturgia es una de las funciones básicas de la Iglesia y tiene un papel destacado. La tradición de la Iglesia lo ha expresado sabiamente diciendo que la ley de la oración es también la ley de la fe: *lex orandi, lex credendi*.

La Palabra de Dios, que se proclama en el servicio de la Iglesia, encuentra su forma primaria en el testimonio. Dado que en la Iglesia no solo existe la comunión de la historia de su pueblo realizada por Dios, sino también la responsabilidad personal, la Palabra de Dios y el testimonio personal se pertenecen mutuamente, en el sentido de que no solo el testimonio vive de y por la Palabra de Dios, y por eso la Palabra de Dios vive, sino que también la Palabra de Dios vive a través del testigo que es personalmente responsable. En palabras de Benedicto, «la profesión de fe existe solo como algo de lo que alguien es personalmente responsable». Debido a esta dimensión martirológica de la fe, la Iglesia primitiva elaboró su convicción respecto a la sucesión apostólica en el episcopado, que está al servicio de la fiel transmisión de la Palabra de Dios y de la tradición apostólica. La formación, la justificación teológica y el fortalecimiento institucional del episcopado deben entenderse como uno de los resultados más importantes del desarrollo posapostólico. Todo ello viene a documentar el hecho asombroso de que poco tiempo después de la muerte de los apóstoles, tanto en Occidente como en Oriente, existía aún solamente un orden de ministerios eclesiales, a saber, el episcopal, y ante todo, que el anuncio y la interpretación auténtica de la Palabra de Dios están conectados con el ministerio episcopal.

El canon de las Escrituras, el credo, el culto y la sucesión apostólica en el episcopado son los cuatro principios básicos de la Iglesia primitiva. Dejan bien a las claras que la Sagrada Escritura no puede separarse de la estructura general de la vida de fe de la Iglesia, que ha de interpretarse necesariamente en este contexto. Cuidar de esto es la tarea especial e indiscutible del oficio de la enseñanza de la Iglesia, del *Magisterium Ecclesiae*. Su responsabilidad es garantizar la identidad e integridad de las Sagradas Escrituras en la Iglesia y asegurar que la interpretación de las Escrituras se lleve a cabo al servicio de la fe de la Iglesia y la predicación.

El encuentro con las Sagradas Escrituras es siempre igualmente un acontecimiento espiritual y, por tanto, un encuentro real con la Palabra del Dios Vivo. Esta es la razón más profunda por la que un teólogo del siglo V ya se refirió a los autores de los escritos bíblicos como «teólogos» en el sentido estricto de la palabra: porque eran personas que no hablaban por sí mismas, sino que se abrían a Dios de tal manera que Dios mismo podía hablar a las personas a través de su Palabra. En un sentido similar, los bautizados merecen hoy el título honorífico de «teólogos», ya que la Palabra de Dios se puede escuchar a través de la palabra humana. Esto significa que el teólogo debe ser primero una persona que escucha, que cree y que reza, que deja que Dios hable y que lo escucha para poder hablar de Dios de manera creíble a partir de ese silencio. Sin embargo, esto solo es posible si encontramos la Palabra de Dios en las Sagradas Escrituras no solo como una Palabra del pasado con la que uno puede tratar intelectualmente, sino como Palabra del presente, que habla en nuestras vidas y toca nuestros corazones. Solamente aquellos que, como teólogos, son obedientes a la Palabra de Dios y no buscan simplemente la aprobación del pueblo, pueden ser portadores de la verdad de Dios y servidores de la nueva evangelización.

En consecuencia, la teología solamente está en su elemento cuando transmite no solo el conocimiento intelectual, sino una fe que es en sí misma inteligente, «de modo que la fe se convierte en inteligencia y la inteligencia en fe». En la situación eclesiástica de hoy, la teología debe tomarse especialmente en serio esta función de puente entre la razón y la fe, especialmente en lo que respecta a la nueva evangelización, ya que muchos bautizados se han vuelto, entre tanto, ajenos no sólo al lenguaje de la fe de la Iglesia, sino también al mundo de la Biblia.

Al final, las personas solo encontrarán en la Biblia lo que busquen en ella; si no buscan nada, tampoco encontrarán nada. Si solo buscan hechos históricos, solo encontrarán hechos históricos. Si buscan a Dios en ella, lo encontrarán, como dijo correctamente un poeta, Heinrich Heine: «Con razón se llama a la Biblia las Sagradas Escrituras; quien haya perdido a su Dios puede volver a encontrarlo en este libro, y quien nunca lo haya conocido será derrotado por el soplo de la palabra divina».

Ante este gran desafío, la nueva evangelización no es una opción, sino un deber. Comporta no solamente el desarrollo de una teología viable de la Palabra de Dios, sino también la exploración de nuevas formas de acceder a esa Palabra para que encuentre a las personas como una Palabra del presente, en la que Cristo mismo habla a las gentes de hoy. Porque él, Jesucristo, es la Palabra Viva de Dios. La cuestión del correcto entendimiento de las Sagradas Escrituras y la cuestión de Cristo están estrechamente relacionadas, como dijo san Jerónimo, el gran exégeta de los Padres de la Iglesia, con esta fórmula concisa: «Quien no conoce las Escrituras, tampoco conoce el poder de Dios ni su sabiduría. No conocer las Escrituras significa no conocer a Cristo».

Para conocer a Cristo uno debe estudiar y familiarizarse con las Escrituras. Y al revés, sin un encuentro personal con Cristo, incluso los sagrados documentos de las Escrituras siguen siendo profanos y mudos. Solo comienzan a hablar cuando se vive en una relación de amistad con Cristo en el seno de la Iglesia.

Solo aquellos que viven en este discipulado pueden liderar el camino para seguir a Jesús. De lo contrario, como dijo una vez con clarividencia san Agustín, los heraldos de la Palabra de Dios serían como esos carteles que señalan el camino, pero no lo recorren ellos mismos. Esto nos da una idea de la emergencia existencial que interpela el predicador. Solo puede esperar la Palabra de Dios de las personas que le son confiadas en su predicación si la espera de sí mismo, incluso y precisamente cuando esa Palabra parece más difícil de digerir. Por supuesto, los discípulos de Jesús ya pasaron por esto, y sufrieron una profunda crisis al asumir su predicación. Después del gran discurso de Jesús en Cafarnaúm sobre el pan del cielo, incluso los discípulos tuvieron la impresión de que sus palabras eran duras:

«Este modo de hablar es duro, ¿quién puede hacerle caso?» (*Juan* 6, 60). Jesús, sin embargo, no hace el menor esfuerzo para retener a los discípulos decepcionados adoptando lo que hoy se denomina «una disposición amigable hacia el cliente», ofreciéndoles una interpretación más conveniente de la Palabra de Dios. Por el contrario, les hace a sus discípulos una sola pregunta, pero decisiva: «¿También vosotros queréis marcharos?» (*Juan* 6, 67). En este momento, Pedro se da cuenta de lo mucho que pide Jesús, de que seguirlo no es solo una adición barata a la vida cotidiana que no cuesta nada; más bien, el Señor espera ser seguido de un modo que resulta bien oneroso. Conocemos la respuesta de Pedro: «Señor, ¿a quién vamos a acudir? Tú tienes palabras de vida eterna; nosotros creemos y sabemos que tú eres el Santo de Dios» (*Juan* 6, 68-69). Pedro se había dado cuenta de que no había absolutamente ninguna alternativa al Evangelio de Jesucristo.

Podemos encontrar esta idea una y otra vez en la historia de la Iglesia. En situaciones de crisis, la Iglesia siempre ha vuelto la vista al hecho de que la predicación de la Palabra de Dios debe tener primacía en la vida de la Iglesia. Pensemos únicamente en los dos fundadores de las órdenes mendicantes, san Francisco y santo Domingo. Ninguno de los dos quería fundar nuevas órdenes, sino más bien renovar la Iglesia desde sus cimientos, es decir, desde el punto de vista del Evangelio. Querían vivir el Evangelio literalmente, en comunión con la Iglesia y el Papa. Al renovar al pueblo de Dios desde dentro de esta manera, han dejado escrito para siempre en el libro de familia de la Iglesia que sus verdaderos reformadores son los santos iluminados y guiados por la Palabra de Dios.

Poner la primacía de la Palabra de Dios en el centro de la misión del obispo y el sacerdote ha sido una preocupación central para Benedicto XVI. En una de sus primeras homilías, que pronunció cuando era joven sacerdote en una misa en 1951, subrayó que la predicación era la primera y más importante de sus tareas. Cuando fue nombrado arzobispo de Múnich y Frisinga en 1977, eligió la expresión *Cooperatores veritatis* (colaborador de la verdad), tomada de la tercera carta de Juan, como lema de su escudo episcopal. En sus palabras cuando fue investido papa en abril de 2005, no presentó un programa de gobierno en el sentido secular, sino que declaró con gran énfasis: «Mi verdadero programa de gobierno no es hacer mi voluntad, no va a consistir en llevar a cabo mis ideas, sino en hablar con toda la Iglesia y escuchar la voluntad del Señor y dejar que me guíe para que Él mismo dirija la Iglesia en esta hora de nuestra historia».

Con el establecimiento de un nuevo Consejo Pontificio para la Promoción de la Nueva Evangelización en 2010, Benedicto XVI dio una forma concreta a esta inquietud básica, al tiempo que clarificaba muchos de sus puntos.

Para que la nueva evangelización arraigue y realmente se encienda, para que pueda convertirse en el corazón de la Iglesia, los obispos y sacerdotes deben considerar que su tarea principal es el anuncio de la Palabra de Dios y ejercer este servicio de todo corazón. Como voz creíble del Evangelio, solamente pueden convencer si se dejan tocar por la Palabra de Dios y se nutren de ella. Primero deben ser «oyentes» atentos de la Palabra, para poder luego ser «servidores» creíbles de la Palabra. Se lo merecen todas las personas a las que proclaman la Palabra de Dios como «palabras de vida eterna» (*Juan* 6, 68). Hacer tangible la Palabra divina es la preocupación más esencial de la nueva evangelización.

11.
ÚLTIMAS CONVERSACIONES[1]

HACE HOY EXACTAMENTE DIEZ AÑOS, el papa Benedicto XVI –y a esta misma hora– estaba impartiendo el discurso del siglo en Ratisbona, su antigua *alma mater*, cuando citó una conversación del año 1391 entre el emperador bizantino Manuel II y un persa versado en el cristianismo, el islam y la verdad. En retrospectiva, el discurso ha parecido a algunos profético, aunque en ese momento también desató cierto revuelo en el mundo islámico, y hubo periodistas occidentales que aprovecharon para mofarse de él y tildarlo como «el profesor papa».

Pero hoy la Iglesia católica celebra la festividad del Dulce Nombre de María como lo hizo hace diez años, en memoria de la victoria de los ejércitos cristianos de Europa en la batalla de Kahlenberg, cerca de Viena, donde el 12 de septiembre de 1683, bajo el pontificado del papa Inocencio XI, se truncó la conquista otomana de Occidente.

---

[1] Presentación del libro *Últimas conversaciones con Benedicto XVI* de Peter Seewald en la Literaturhaus München, el 12 de septiembre de 2016.

«El verano dice amén en la festividad del Dulce Nombre de la Virgen María», se dijo durante mucho tiempo en la Alemania católica, especialmente en la región de donde vengo y crecí, una región para la que el 12 de septiembre tuvo un significado muy práctico durante largo tiempo. Marcaba el final de la cosecha y desde ese día se permitía a los pobres de la zona recoger el grano que quedaba en los campos cosechados.

Y puede que este último significado sea el que mejor encaje con el motivo casi providencial de este encuentro, en el que tengo el honor de presentar el libro de Peter Seewald *Últimas conversaciones con Benedicto XVI*, a quien he servido como secretario privado desde 2003, y quien personalmente ha revisado y aprobado este libro tras su renuncia al pontificado.

Aquí tal vez sea útil hacer una primera aclaración. Estas «últimas conversaciones» no son una polémica «conversación dura» al estilo de la famosa serie de la BBC *HardTalk*, y Peter Seewald ni siquiera tuvo que convencer a Benedicto XVI para que se prestase a ella. El libro contiene más bien una grabación de las conversaciones amistosas que mantuvieron antes y después de la renuncia del papa, una intensa revisión de los recuerdos de estas dos almas, tan distintas, pero ambas bávaras —de esto puedo dar fe, como nativo de la Selva Negra—, que encuentran en estos diálogos un terreno común en sus acentos y en sus corazones.

Más allá de aportar una variedad de detalles sobre aspectos ya conocidos de su vida, las respuestas del papa emérito sorprenden esta vez por la singular y novedosa intimidad a la que el libro lleva al lector, y por el lenguaje directo que emplea. Sabemos, por ejemplo, de labios del propio papa emérito, cómo fue labia de su adversario Hans Küng, y escuchamos también —lo cual impacta especialmente hoy y aquí en la plaza del Salvador de Múnich— al antiguo arzobispo de Múnich y Frisinga hablar sin tapujos del «toque de megalomanía que tiene la gente de Múnich». En otro pasaje, de repente y de forma inesperada, leemos que la madre del papa Benedicto XVI fue concebida fuera del matrimonio, algo sobre lo que ambos conversan con toda franqueza.

Este tono informal hace que el texto rezume una ligereza casi mágica y una desenvuelta alegría. Por eso es más conmovedor aún que a cierta altura del texto leamos entre paréntesis que «el papa llora», justo antes de que el anciano hable de esa hora de la tarde del 28 de febrero de 2013 cuando, mientras repicaban las campanas de Roma, volaba en el helicóptero blanco a Castel Gandolfo y se adentraba en el anochecer de su vida. Dice que en ese momento «estaba flotando en el aire y escuchando las campanas de Roma, y supe entonces que debía dar gracias, y mi estado de ánimo era básicamente de gratitud. Eso me conmovió mucho». En esa partida yo estaba sentado junto a él, profundamente emocionado, como sabe cualquiera que haya visto la despedida en las pantallas. Y sé que, a diferencia de mí, él no lloró en ese momento, si se me permite decirlo. Y todavía tengo en mis oídos esas campanas de Roma repicando en ese vuelo del destino, antes de que aterrizásemos en su amado Castel Gandolfo, y recuerdo cómo por última vez se despidió de la gente de la plaza y de todos los católicos del mundo como papa desde el balcón del palacio papal con un *buona sera*.

No obstante, tengo que admitir con toda honestidad que los pasajes de estas transcripciones que me pueden arrancar más lágrimas hoy son aquellos en los que vuelvo a leer una y otra vez sobre la clase de caminante y escalador apasionado que el papa ha sido a lo largo de su vida. «Siempre fui bueno caminando», dice en cierto momento, «he caminado mucho», afirma en otro, mientras que hoy debo contemplar cómo los pasos de ese excursionista apasionado se hacen cada día más cortos. Puede caminar. Desde hace muchos meses, nadie ha tenido que recordarme el buen sentido de su renuncia a su extremadamente difícil cargo, porque veo con mis propios ojos todos los días lo que ningún libro podría explicarme mejor.

¿Este volumen dibuja acaso una nueva imagen de la persona de Benedicto XVI para los lectores? Aquí, por supuesto, puedo y debo hacer una salvedad en lo que respecta a mí mismo, pues, como he dicho, puedo verlo todos los días, y por lo tanto tener nuevas «últimas conversaciones» con él casi a diario. En estas conversaciones con Seewald, plagadas de anécdotas, encuentro por tanto mucho ornamento, pero en cuanto a la percepción pública de Benedicto XVI, creo que queda enriquecida con muchas facetas sorprendentes e informativas, y mediante un tono coloquial donde a menudo aflora un fino dialecto bávaro. Por tanto, en más de un sentido, este libro complementa y corrige casi sin querer el conocimiento que muchos lectores tienen sobre el primer pontificado del tercer milenio.

En primer lugar, se trata la maraña de motivos y las circunstancias exactas de la enigmática renuncia de Benedicto XVI al cargo. En segundo lugar, su relación con su sucesor Francisco. En tercer lugar, su visión personal de las diversas crisis y «escándalos» de su pontificado. Y, por último, pero no menos importante, se aborda la dimensión profundamente humana del probablemente último monarca occidental al frente de la Iglesia católica, para quien el poder nunca significó nada. De ahí que describa como el «momento más feliz» de su vida esos doce meses o así que pasó cuando, tras su ordenación sacerdotal el 29 de junio de 1951, se le permitió trabajar como joven capellán en la parroquia de Heiligblut en Múnich.

Abordemos para empezar el primero de estos asuntos: Peter Seewald nunca le ha hecho al Santo Padre la famosa pregunta «*Quo vadis?*» —la legendaria «¿A dónde vas?»—, como el mismo Cristo le preguntó a Pedro cuando el príncipe apóstol y precursor de todos los papas huía por la Via Appia de la capital en llamas, a la que Nerón había prendido fuego. Seewald tampoco le ha preguntado sobre el pasaje del sermón inaugural de Benedicto XVI el 24 de abril de 2005, donde el papa recién elegido pidió a los creyentes: «¡Recen por mí para que no huya de los lobos!».

Aquí vemos por qué. Tales preguntas carecían de sentido, porque el propio papa emérito lo ha aclarado una y otra vez: no fue una fuga, Roma no estaba en llamas, ningún lobo aullaba bajo su ventana y su casa probablemente estaba en buen estado cuando devolvió el poder papal depositándolo en manos del Colegio Cardenalicio. Dicho con sus propias palabras:

> Estoy convencido de que no fue una huida, de ningún modo fue la respuesta a presiones reales, que no existían. Uno no debe rendirse jamás a las presiones. Uno no debe alejarse en el momento de la tormenta, sino que debe resistir. Solo puedes salir cuando nadie te lo pida. Y nadie lo pidió en mi tiempo. Nadie. Sabía que tenía que hacerlo y que era el momento adecuado. Fue una completa sorpresa para todos.

El médico le había dicho que ya no debía cruzar el Atlántico. Con motivo del Mundial de fútbol, la siguiente Jornada Mundial de la Juventud se adelantó de 2014 a 2013. De lo contrario, habría intentado aguantar hasta 2014. «Pero ya lo sabía: ya no podía hacerlo. Y todas las demás cosas se resolvieron por completo en febrero de 2013». Vio entonces que había llegado el momento de «renunciar a esas grandes multitudes que me habían rodeado anteriormente y adentrarme en esta mayor intimidad». Como dijo posteriormente, «tampoco fue de esa clase de huida interior de las exigencias de la fe que lleva a alguien a su cruz. El paso no fue una huida, sino una forma más de ser fiel a mi servicio».

¿Ha lamentado su dimisión en algún instante? La respuesta es vehemente: «No. No, no. Todos los días constato que hice lo correcto». Tampoco hay ningún aspecto que no haya considerado. Al contrario, todo salió mejor de lo que podía haber planeado. De ahí que diga esto: «No puedo verme a mí mismo como un fracasado. Presté mis servicios durante ocho años».

¿Y qué hay de las muchas teorías de la conspiración que se urdieron?, quiere saber Seewald, que sabe que no han dejado de surgir desde su renuncia. ¿Chantaje? ¿Conspiración? El papa emérito solo tiene una respuesta a estas preguntas, y es muy breve: «¡Son solo tonterías!». Sin embargo, debemos verdaderamente aprender esto sobre el paso que dio el papa y tomarlo de corazón como un conocimiento nuevo: «El papa no es un superhombre. Si renuncia, permanece en un sentido interno en la responsabilidad que ha asumido, pero no en la función. En este sentido, el cargo papal no ha perdido grandeza en modo alguno, incluso si la humanidad de ese cargo es ahora tal vez más evidente».

Puesto que, como he dicho, converso diariamente con Benedicto XVI, nada de esto me resulta nuevo, y solo puedo subrayarlo y decir que es auténtico. Personalmente, debo decir en este contexto que sí hay otro pasaje que me pareció de alguna manera novedoso y significativo, además de particularmente esclarecedor, aunque aparece en un lugar completamente diferente del libro. «A finales de abril o principios de mayo de 1945», le recuerda Seewald citándole un pasaje de sus memorias de 1998, «decidí volver a casa». Suena algo escueto. Joseph Ratzinger tenía 17 años en 1945 y servía en el ejército, en una de las guarniciones antiaéreas apostadas cerca de su tierra natal. «En realidad fue una deserción —le recuerda Seewald— que se castigaba con la pena de muerte. ¿No estaba al tanto de eso?».

Su respuesta: «Le doy vueltas de vez en cuando. Sabía que había centinelas, que me dispararían de inmediato y que este tipo de cosas solo podían terminar mal. ¿Por qué me volví a casa sin más? En realidad, no tengo una explicación, no soy consciente de hasta qué punto era ingenuo por entonces».

¡Pero terminó bien, y no mal! Al leer esto, he de admitirlo, experimenté algo así como un *déjà vu*, pero en el sentido contrario, lo cual me llevó a preguntarme si esta experiencia de vida o muerte de Joseph Ratzinger contenía una clave oculta que explicaba el espectacular paso que dio al final de su vida. Seguro como un sonámbulo contra un millar de obstáculos y muchas buenas razones, «decidió irse a casa» por segunda vez, sencilla y tranquilamente, en el verano de 2012.

Pasemos ahora al segundo punto. ¿Qué aprende el público de todo el mundo, al leer este libro, en cuanto a la relación entre el papa emérito y su sucesor Francisco?

Primero: No había contado en ningún momento con que fuese Jorge Mario Bergoglio. El arzobispo de Buenos Aires fue «una gran sorpresa» para él. No tenía ni idea de quién le sucedería. Pero cuando vio después de las elecciones, en la televisión de Castel Gandolfo, cómo el nuevo papa «hablaba por un lado con Dios y por otro con la gente, me alegré mucho. Me hizo feliz». ¿Y qué dice del hecho de que Francisco apareciera en el balcón todo de blanco, sin la muceta roja, el manto tradicional de los papas hasta entonces? «Sencillamente no quería la muceta. No me afectó de ningún modo». Pero «no había experimentado antes este aspecto de calidez, de afecto tan personal (por parte del arzobispo de Buenos Aires). ¡Eso sí me sorprendió!»

Y en cuanto al papado de Francisco hasta la fecha, ¿está contento? Sin más preámbulos, responde: «Sí, de repente hay una nueva frescura en la Iglesia, una nueva alegría, un nuevo carisma que atrae a la gente, eso es algo hermoso. Son muchos los que agradecen que el nuevo papa se acerque a ellos con un nuevo estilo. El papa es el papa, no importa quién sea». En cuanto a los modos de Francisco, «no tengo ningún problema. Al contrario, creo que eso es bueno, sí». Él no ve en ninguna parte una «ruptura» con su propio pontificado. Ve «nuevos acentos, sí, pero no opuestos. Francisco es un hombre volcado en la reforma práctica. Y también tiene coraje para abordar los problemas y buscar soluciones».

Es más: en algunos aspectos se ve a sí mismo y a su ministerio petrino siendo corregido por su sucesor, como admite abiertamente, por ejemplo, «en el modo en que atiende directamente a las personas. Esto es muy importante. También es un hombre que reflexiona. Pese a ser una persona reflexiva, también es alguien acostumbrado a estar siempre cerca de la gente. Y yo tal vez no he estado lo suficiente con la gente».

Estamos pues ante una asombrosa cantidad de autocrítica, condimentada con cierta autoironía, que impregna los recuerdos que Peter Seewald evoca en él, y también observamos la capacidad que tiene para lograr una alegría casi infantil en la vejez.

Sobre el Concilio Vaticano II, por ejemplo, en el que participó como joven y prometedor consejero del cardenal Frings de Colonia, y sobre la reforma del Concilio, de la que «todavía se alegra», admite sin ambages: «Pensamos demasiado en términos teológicos y no reflexionamos lo suficiente sobre los efectos externos que tendrían esas posturas» y añade que hubo «un montón de ideas insensatas y destructivas». En esos días, por cierto, se veía a sí mismo como un progresista. Otros dijeron que era un francmasón y repetidamente «denigraron» su ministerio. ¿Por qué? «Porque decían que era incapaz, o algo así. Y por supuesto también herético, y así sucesivamente».

De hecho, no deja de asombrarse de su «ingenuidad», como él la llama, y de la «audacia con la que hablé en ese entonces, en los tiempos del Concilio». Y a la siguiente pregunta que le plantea un asombrado e incrédulo Seewald, sigue describiéndose hoy como un «verdadero admirador de Juan XXIII» y de su «ausencia total de convencionalidad».

Él mismo, por otra parte, dejó de montar en bicicleta cuando se convirtió en arzobispo de Múnich y Frisinga porque «nunca se atrevió a ser tan poco convencional». En un sentido figurado, sin embargo, nunca fue un ciclista, esto es, nunca fue de los que agachan la cabeza ante los que van por delante y pisotean a los que van por detrás. Nunca agachó la cabeza ante nadie ni pisó a nadie. Al contrario. En su casi proverbial inocencia, a menudo promovía y protegía a sus oponentes y «no amigos» como Hans Küng o el cardenal Kasper. Si hubiera renunciado apenas una semana después, su colega cardenal suabo ya no habría podido participar en el cónclave de su sucesor, porque habría excedido el límite de edad para los cardenales y se habría descartado su posible participación en la elección papal. Siempre fue ajeno a tales pensamientos, como en general al resto de juegos de poder tácticos y estratégicos, a lo largo de su vida. «Todos saben que no estoy interesado en hacer política», dijo una vez, «y eso inhibe la hostilidad. La gente lo sabe: no es peligroso».

Ahora, sin embargo, quien solía hablar a miles de personas escribe homilías domingo tras domingo para cuatro, cinco, a veces ocho o nueve personas en su «pequeño monasterio». A él le da igual. Aquel comentario burlón, lo del «profesor papa», se lo tomó obviamente más como un cumplido que como una invectiva, quizá también debido a su incapacidad para concebir siquiera el cinismo. Porque «en realidad soy más un profesor, alguien que reflexiona y piensa en las cosas espirituales. He querido ser profesor toda mi vida». Lo fue y lo sigue siendo hasta el día de hoy: un profesor universitario alemán al que le gusta imitar voces como la de Hans Urs von Balthasar y su alemán dialectal suizo, alguien que hasta hace poco escribía sus innumerables discursos y trabajos a lápiz, en la taquigrafía ultracompacta que él mismo desarrolló para poder seguir el ritmo de sus pensamientos. Alguien que nunca, ni siquiera en tiempos de crisis, se dejó robar las siete u ocho horas de sueño nocturno que necesitaba, ni renunció a su siesta, a la que se había acostumbrado desde 1963, desde sus años en el Concilio de Roma. Es alguien a quien sobre todo le gusta mucho, muchísimo sentarse en su escritorio y cuyo instrumento indispensable para ayudar a que sus pensamientos más profundos broten es un cómodo sofá. Cita: «Siempre necesito un sofá. Y el más absoluto silencio posible».

En esta tranquilidad, simplemente «no valoró correctamente» el «significado político» de su discurso de Ratisbona y el alboroto internacional que trajo consigo, como admite abiertamente. En general, el gran pensador y escritor ha levantado polvaredas como sin querer, como haría un niño prodigio.

Cuando llegó a Roma el 1 de marzo de 1982 para hacerse cargo de la Congregación para la Doctrina de la Fe, todavía no sabía casi nada de italiano y no tenía tiempo para asistir a un curso en este idioma. «Solo aprendí italiano para poder participar en las conversaciones. Por supuesto, eso fue un hándicap», explica. De ahí que tanto al principio como al final, al hacer pública su renuncia, volvió a echar mano del latín, una lengua que hoy domina brillantemente.

Admite francamente que el conocimiento de la naturaleza humana no es su fuerte, y que, debido a cierta cautela y temor que están en su carácter, a menudo ha sido «muy cauteloso y cuidadoso porque», como él dice, «he experimentado los límites del conocimiento humano en los demás y a menudo en mí mismo».

En septiembre de 1991, el papa, que ni fuma ni bebe, sufrió una hemorragia cerebral. «No estoy en condiciones de continuar», le dijo a Juan Pablo II, quien en ese momento se negó rotundamente a aceptar su dimisión. «Del 91 al 93 fueron años difíciles, verdaderamente arduos», dice lacónicamente. En 1994 sufrió una embolia, tras la cual apareció una mancha amarilla en la retina de su ojo izquierdo. Desde entonces ha visto muy mal con ese ojo. Eso sucedía años antes de ser elegido sucesor de Pedro. Nunca le dio demasiada importancia. ¡El papa, medio ciego! ¿Quién lo hubiera dicho?

Es tal vez por todo esto que a muchas personas Benedicto XVI nunca les ha parecido tan humano como aparece en este último libro, con sus grandes fortalezas y sus pequeñas debilidades y dolencias. En ninguno de sus otros libros de entrevistas se ha reído tanto. Y nunca se le había visto llorar. Tuve que leer las pruebas a menudo, y luego leí el texto completo de un tirón, hasta bien entrada la noche. De modo que casi podría repetir muchas de sus páginas de memoria.

¿Encontramos ahora, en estas últimas declaraciones de Benedicto XVI, tal vez su testamento o una última corrección de ese testamento? Probablemente no. Su voluntad como papa se encuentra en los nueve tomos de *Insegnamenti* que produjo durante su pontificado, pero sobre todo en sus libros sobre Jesús, que «simplemente tenía que escribir porque la Iglesia se acaba cuando dejamos de conocer a Jesús». Y encontramos algunos conocimientos testamentarios en *La sal de la Tierra*, en *Dios y el mundo* y en *La luz del mundo*, las entrevistas con él que Peter Seewald ya ha publicado.

No obstante, en cierto sentido este libro hace una deconstrucción final de su antigua imagen para sus amigos y enemigos, y lo hace de un modo poco espectacular, casi casual. En ningún lugar permite que el entrevistador lo ponga en un pedestal. Se resiste terca y obstinadamente a que se le erija un monumento y sabotea divertido todos los intentos de canonización en vida, de la manera más amable que le es posible. Dicho en términos histórico-críticos: también se desmitifica sin descanso en esta conversación con Peter Seewald.

En el espacio confidencial de estas conversaciones, Seewald le pregunta a veces con curiosidad, como preguntaría un niño a su abuelo. Pero hasta el mismo clérigo se desprende de su erudición para aparecer en más de una ocasión del todo inocente en sus respuestas, como un niño que se sentó durante mucho tiempo en el trono papal, enigmático e insondable, como un niño del Espíritu Santo que, entre análisis brillantes, también cuenta con total naturalidad lo mucho que pudo disfrutar jugando «al parchís y a otros juegos así». En cualquier caso, durante mucho tiempo también necesitó desarrollar «un alma fuerte para digerir toda la suciedad» con la que tuvo que tratar como jefe de la Congregación para la Doctrina de la Fe. Se nos presenta como un gran niño de Dios, con una dulzura que desarma, alguien que, como san Agustín, anhela llegar finalmente a ese «continuamente» del que dice el *Salmo* 105 (104) «buscad continuamente su rostro», y como un niño que todavía quiere volver a casa, «donde será tan hermoso como en el hogar».

Pero también se revela aquí como un hombre enigmático que suavemente nos sonríe desde una época lejana, desde «tiempos cuasi prehistóricos», como él mismo comentó una vez, medio irónicamente. A pesar de su destacada y despierta inteligencia y de su formación ingente, en ninguna parte aparece ni remotamente ese advenedizo hambriento de poder o el aterrador gran inquisidor de la caricatura distorsionada que dibujan sus «no amigos».

Personalmente, tengo que admitirlo, al leer estas conversaciones recordé más de una vez la imagen nostálgica del

Principito de Antoine de Saint-Exupéry, y ahora tengo que reírme cuando lo pienso de nuevo: un principito papal con zapatos rojos (los zapatos del Pescador), proveniente de una estrella lejana, como si fuera un mensajero caído del cielo hasta nuestro tiempo. Aunque de cerca sé quizá mejor que nadie que ni Joseph Aloisius Ratzinger ni Benedicto XVI quedan exactamente reflejados en esta figura poética.

12.
UNA PEQUEÑA NUBE BLANCA[1]

MARTIN ROTHWEILER: Una primera pregunta que interesa a muchos hoy es, naturalmente, ¿cómo se encuentra el papa Benedicto? Dice el salmista: «Aunque uno viva setenta años, y el más robusto hasta ochenta, la mayor parte son fatiga inútil, porque pasan aprisa y vuelan». Es el salmo 90 (89), que nos habla del «hombre frágil ante el Dios eterno». Y el papa Benedicto XVI celebra su noventa cumpleaños el 16 de abril. ¿Como está?

MONSEÑOR GEORG GÄNSWEIN: Sí, cumplirá noventa años el domingo de Pascua, está bastante bien para su edad. Está contento. De cabeza sigue brillante, y todavía tiene sentido del humor. Lo que le da problemas son sus piernas. Caminar se ha vuelto farragoso. Pero se apaña muy bien con el andador, que también le garantiza autonomía y libertad de movimientos. Así que a los noventa años se puede decir que está en buena forma, aunque tiene sus achaques ocasionales.

---

[1] Entrevista con Martin Rothweiler para la cadena de televisión EWTN en el noventa cumpleaños de Benedicto XVI, el 16 de abril de 2017.

Por supuesto, el domingo de Pascua la liturgia es prioritaria. Habrá una pequeña celebración el lunes por la tarde. Benedicto solo quería algo que fuera apropiado para sus fuerzas, de modo que descartó una gran celebración. Vendrá una pequeña delegación bávara. Vendrán los fusileros de montaña de Baviera. El primer ministro vendrá al monasterio por la tarde. Y habrá una pequeña fiesta de cumpleaños allí, todo muy bávaro.

¿Sabe si el papa Francisco lo visitará?

Es de prever. Seguramente lo hará.

Conoce al papa Benedicto XVI mejor que nadie excepto su hermano Georg Ratzinger. ¿Cómo lo conoció?

A través de la literatura. Antes de terminar la escuela secundaria, mi pastor me dio la *Introducción al cristianismo* y me dijo: «¡Tienes que leer esto! ¡Este es el futuro!». Le dije: «¿Pero lo ha leído?». «No, pero usted tiene que leerlo». Y eso hice. Cuando comencé a estudiar teología en Friburgo, luego en Roma y nuevamente en Friburgo, leí de hecho todo lo que hasta entonces había escrito el profesor y cardenal Ratzinger. Solo lo conocí personalmente aquí en Roma hace veintiún o veintidós años, cuando me pidieron que trabajase en la Curia romana. En concreto, era para un puesto en el Cementerio Teutónico, más concretamente en la Iglesia de la Hermandad de la Madre Dolorosa de Dios en el cementerio alemán a la izquierda de San Pedro, donde el cardenal Ratzinger celebraba la Santa Misa todos los jueves para los peregrinos alemanes; luego se quedaba allí a desayunar. Fue entonces cuando tuve mi primer contacto personal con el cardenal Ratzinger. No nos hemos perdido de vista desde entonces.

En algún momento le trajo a su lado. ¿Qué le hizo escogerle?

En ese momento lo que ocurrió fue esto: no vine directamente a la Congregación para la Doctrina de la Fe, sino que primero ocupé un puesto como colaborador en la Congregación para el Culto. Cuando un sacerdote alemán abandonó Roma después de cierto tiempo en la Congregación para la Doctrina de la Fe, el cardenal Ratzinger se me acercó y me dijo: «Le considero apto para esta tarea y le pido que trabaje conmigo. Si está de acuerdo, hablaré con las autoridades correspondientes». Así que me uní a la Congregación para la Doctrina de la Fe en 1996, donde trabajé hasta 2003. Luego me nombró su secretario personal. Sigo siéndolo hasta hoy.

¿Cuál fue su primera impresión cuando lo hizo llamar por primera vez? Debió ser sorprendente.

Mi primer pensamiento fue: ¿Me he equivocado en algo? ¿Hay algo que pese sobre mi conciencia? Hice examen de conciencia; sin embargo, no encontré nada. Al verme, sin embargo, dijo: «No se preocupe, mi preocupación tiene que ver con su futuro. Creo que es un buen trabajo para usted. Piénselo detenidamente». Por supuesto, me complacía enormemente que confiase en mí para trabajar en su entorno, en tareas que suponían un desafío y con toda probabilidad requerirían lo mejor de mis fuerzas.

¿Qué rasgos de carácter conocía de él?

En primer lugar, lo que ya sabía por sus escritos: una mente muy aguda, una dicción clara. Luego percibí una gran dulzura en su trato personal, que se mantuvo y sigue caracterizándole, en marcado contraste con lo que se ha dicho una y otra vez sobre él. Nunca se pareció en nada a ese *Panzerkardinal* que innumerables oponentes han creído ver en él desde el principio. Es justo lo contrario. Guarda la compostura en su trato con las personas, pero también tiene ese aplomo cuando ha de presentar problemas y resolverlos, y, sobre todo, en la representación de la fe y en su defensa. Eso es lo que más me conmovió: ver que, con palabras sencillas pero muy profundas, este hombre es capaz de proclamar la fe. Y cómo es capaz de resistir con calma los grandes obstáculos y hostilidades que se le opongan.

Cuando era prefecto de la Congregación para la Doctrina de la Fe, ¿qué temas le molestaban y conmovían?

Cuando llegué, estaba trabajando en la encíclica *Fides et Ratio*, y más tarde en *Dominus Iesus*. Son documentos de los años en los que ya estaba en la Congregación para la Doctrina de la Fe. Posteriormente se añadió el diálogo interreligioso, que volvió a intensificar como papa. La gran pregunta sobre la relación entre fe y razón siempre ha sido una de las constantes de su obra. Fue muy interesante, aunque también un gran desafío.

La relación entre fe y razón también fue un tema constante en su pontificado. Volvamos a su época como prefecto de la Congregación para la Doctrina de la Fe. El tercer secreto de Fátima fue revelado en ese momento. Este año celebramos el centenario de las apariciones de Nuestra Señora en Fátima. ¿Puede decir algo sobre esto? ¿Cómo se lo tomó el entonces prefecto cardenal Ratzinger?

Juan Pablo II pidió al prefecto de la Congregación para la Doctrina de la Fe que publicase, explicase e interpretase el tercer secreto. Eso fue en el año 2000. Y lo recuerdo bien: el cardenal Ratzinger presentó el tercer secreto en una conferencia de prensa. Lo interpretó teológicamente y dio respuestas muy apropiadas, precisas y claras a las muchas preguntas que plantearon los periodistas.

¿Qué mensaje transmitió? Muchos de nosotros todavía recordamos el 13 de mayo de 1981, cuando se llevó a cabo el intento de asesinato de Juan Pablo II, en la fiesta de Nuestra Señora de Fátima. ¿Cómo lo interpretó el papa Benedicto?

116

El cardenal Ratzinger situó naturalmente la interpretación en el presente. Toda interpretación teológica debe hacerse siempre dentro de un marco determinado. Así es que también trató de encontrar una interpretación actualizada del tercer secreto, el cual, según su lectura, por supuesto tenía algo que ver con Juan Pablo II y con la conversión de Rusia. Trató de presentar esto en un contexto interno. Por lo que puedo recordar, lo hizo muy bien. Después hubo voces críticas que dijeron saber que el tercer secreto no había sido publicado en toda su plenitud y que la Santa Sede y la Congregación para la Doctrina de la Fe seguían ocultando algo, por el motivo que fuera. No era cierto. Se presentó todo el secreto; el secreto al completo fue explicado.

Este misterio habla de un hombre vestido completamente de blanco, a quien los niños videntes interpretaron como un papa que era asesinado, al que dispararon. ¿Se puede identificar esto con el intento de asesinato de Juan Pablo II?

La interpretación teológica lo permite sin más preámbulos. En todo caso, hacerlo es aventurarse a personalizar demasiado un secreto. Pero pienso que cualquiera que haya leído el secreto y conozca el contenido difícilmente puede evitar no hacerlo.

Fue Juan Pablo II quien nombró al cardenal Ratzinger prefecto de la Congregación para la Doctrina de la Fe. ¿Cómo era la relación entre ambos? ¿Qué relación tenía el papa Benedicto, entonces cardenal Ratzinger, con el papa cuya santidad hoy conocemos?

Con motivo de la canonización de Juan Pablo II, el cardenal Ratzinger, es decir, el papa Benedicto, escribió un ensayo relativamente largo en el que describía esa relación. Trabajaron en estrecha colaboración durante más de veintitrés años. Benedicto ha expresado su gran admiración por san Juan Pablo II, y ha hablado de él en muchas ocasiones. Por supuesto, es un gran regalo, una gran gracia trabajar tanto tiempo, tan intensamente, tan cerca de un santo como Juan Pablo II, y también soportar algunas tormentas juntos. Él mismo, el entonces cardenal Ratzinger, tuvo que recibir muchos golpes dirigidos a Juan Pablo II. Está claro: el prefecto de la Congregación para la Doctrina de la Fe no puede ser «el preferido por todos», sino que a veces ha de ser simplemente el guardaespaldas del papa y recibir muchos golpes que en realidad iban dirigidos a él.

¿En qué medida contribuyó a dar forma al pontificado de Juan Pablo II?

Por supuesto, el pontificado de Juan Pablo II también estuvo intensamente influido y apoyado por la persona, el pensamiento y el trabajo del entonces prefecto de la Congregación para la Doctrina de la Fe.

El papa Benedicto dijo una vez que entendió muchas cosas sobre Juan Pablo II al ver cómo celebraba la Misa, cómo rezaba, lo estrechamente conectado que estaba con Dios, aspectos que van más allá de sus capacidades filosóficas y espirituales. ¿Es ese su caso ahora, cuando ve al papa Benedicto XVI celebrar la Misa y rezar?

Sí, lo veo día tras día. Y lo vi especialmente desde el momento en que me convertí en su secretario y seguí siéndolo después de su elección como papa. Antes, como secretario del cardenal, no vivíamos juntos. Por supuesto, a menudo celebrábamos la misa juntos. Pero desde el momento en que fue elegido, nuestra comunidad de trabajo también se convirtió en una comunidad de vida. Desde ese momento, celebrar juntos la Santa Misa ha formado parte de nuestra vida en común hasta este día. Es conmovedor ver cómo el papa Benedicto XVI se entrega por completo a la actividad litúrgica, incluso en la vejez, con algunas dolencias, y con qué intensidad entra en la oración. También después en la acción de gracias ante el Santísimo Sacramento en el tabernáculo. Eso también me lleva a la oración. Es un gran incentivo por el que solo puedo darle las gracias.

El año 2005 se convirtió en el año de la pasión y muerte de Juan Pablo II. ¿Cómo ve ese tiempo el papa Benedicto XVI desde la perspectiva de hoy? Al renunciar a su cargo, después de todo, ha elegido una manera distinta de acabar su ministerio papal. ¿Cómo contempla en perspectiva el sufrimiento y la muerte de Juan Pablo II?

Cuando me nombró su secretario, siendo cardenal, dijo esto, que todavía recuerdo palabra por palabra: «Somos dos empleados provisionales. Pronto me retiraré y pronto me iré, y ese es el tiempo que estarás conmigo». Eso fue en 2003. De hecho, estaba ansioso por tener tiempo para terminar su libro sobre Jesús de Nazaret, que quería completar a toda costa. Pero no lo tuvo. Incluso cuando murió Juan Pablo II, seguía esperando que el próximo papa lo liberase pronto para poder disfrutar de una jubilación bien merecida. Las cosas fueron una vez más de otra manera. Él mismo se convirtió en papa; el Señor le tenía reservada una nueva tarea. Tenía sus planes, pero Alguien más tenía otros planes para él.

¿Esperaba o temía eso de alguna manera?

Ciertamente no lo esperaba, pero en un momento dado pudo llegar a temerlo. En su primera conferencia de prensa como papa, contó brevemente que vio la guillotina cayendo sobre él cuando la última votación en la tarde del 19 de abril constató que había sido elegido nuevo papa. Su imagen de la amenaza de ser decapitado era muy intensa y violenta. Más tarde dijo en Múnich, refiriéndose al oso de Corbiniano de su escudo de armas, que se suponía que este oso legendario acompañaría al entonces obispo Corbiniano a Roma y este luego lo llevaría de regreso a casa. A diferencia del oso de la leyenda, él no pudo regresar, pues se ha quedado en Roma hasta el día de hoy.

¿Cómo fue su primer encuentro con él, después de convertirse en papa? ¿Qué le dijo?

El primer encuentro con él como papa fue en la Capilla Sixtina bajo el Juicio Final. Después de su elección, los cardenales le mostraron su reverencia y le prometieron obediencia. Y debido a que se me permitió estar presente en el cónclave, por ser el asistente del decano de los cardenales, fui el último en la larga fila en llegar hasta él. Todavía puedo verlo frente a mí. Por primera vez estaba todo de blanco, solideo blanco, sotana blanca, cabello blanco y rostro blanco. Se sentó frente a mí y era lo más parecido a una pequeña nube blanca. En ese momento le ofrecí al Santo Padre mi completa disponibilidad, y le dije que me gustaría hacer lo que me pidiera y que podía contar conmigo mientras viviera.

¿Qué alegrías le ha traído el papado? Uno piensa en primer lugar en la carga que supone el puesto. Pero ¿hay también momentos, incidentes, en los que sintió la alegría del papa Benedicto en el desempeño de su cargo?

Sin duda, hubo momentos en los que realmente sintió alegría y expresó esa alegría. Pienso en muchos encuentros, no solamente en el transcurso de sus viajes. Los encuentros con el sucesor de Pedro son siempre algo especial, en la audiencia general o en las audiencias privadas y siempre que se presenta como el principal celebrante, es decir, en la celebración de la Santa Misa o en otras celebraciones litúrgicas. Esos momentos estuvieron llenos de alegría, que él claramente expresó.

¿Hay algún incidente que se le haya quedado grabado, de las visitas a Alemania que muchos de nosotros todavía recordamos vívidamente, por ejemplo, su primer viaje a la Jornada Mundial de la Juventud en Colonia?

Sí, el inicio de ese viaje no fue obra suya, era más o menos el legado de Juan Pablo II. Como sucesor suyo viajó a Colonia en 2005. Fue algo grande, conmovedor. También fue la primera vez en su vida que se encontró con una multitud tan grande de adolescentes que lo esperaban. Todos nos preguntamos: ¿cómo le irá? ¿Se romperá el hielo, se derretirá? ¿O llevará algún tiempo? Pero no había hielo en absoluto. Desde el principio hubo una gran cercanía. Y creo que él mismo se sorprendió más que los muchos jóvenes con los que entró en contacto directo.

En su opinión, ¿cuáles son los mensajes clave de su pontificado? Su primera encíclica es Deus Caritas Est, *Dios es amor. La segunda encíclica,* Spe Salvi, *trataba sobre la esperanza; luego pasó la encíclica sobre la fe a su sucesor para que la completara.* Deus Caritas Est *en particular puede haber sorprendido a algún que otro lector por la ternura y la poesía de su lenguaje.*

Sí. Ha publicado tres encíclicas, no olvidemos *Caritas in veritate.* La correspondiente a la tercera virtud teologal, la fe, la encíclica *Lumen Fidei,* fue publicada durante el mandato de su sucesor. Estas cuatro encíclicas contienen sin duda ese mensaje básico que lo conmovió a lo largo de su vida, que quiso dejar a los pueblos y a la Iglesia a modo de herencia. Pero el servicio divino, es decir, el encuentro directo con Dios, fue y es sumamente importante para él. El servicio de adoración no es algo teatral, sino una relación con el Dios vivo, especialmente con la persona de Jesucristo. Con el Señor. Es decir, Él no es un personaje histórico que se ha hundido en el pasado sino que, a través de la Escritura y la liturgia, Jesucristo entra en este mundo aquí y ahora y especialmente en mi propia vida. Son perlas que nos regaló el papa Benedicto. Y estas perlas, por ser joyas importantes, deben tratarse con sumo cuidado.

Hay una palabra importante, a saber, "alegría", en italiano gioia, *que oímos regularmente de boca del papa Benedicto. Una y otra vez ha hablado del gozo de la fe, es decir, no de la carga, de la necesidad, del peso, sino del gozo de la fe. Y nos ha dicho que un fruto importante de la fe es la alegría misma, que da al hombre y a la vida humana alas que no tendría sin la fe. Por lo que puede verse, el papa Benedicto*

XVI nunca ha abandonado esta alegría en la fe, a pesar de las muchas críticas recibidas, a menudo masivas. No hay que olvidar que nunca fue el niño mimado de los medios de comunicación. Al menos no en lo que al panorama de los medios de comunicación alemanes se refiere. ¿Qué explicación ha encontrado a eso?

Para mí sigue siendo un misterio incluso en la actualidad. Por supuesto, está claro que quien defiende la fe y la verdad de la fe, sea oportuna o inconveniente, parafraseando a san Pablo, no siempre puede esperar que despertará reacciones de alegría y gratitud. Luego está la crítica. Pero las críticas ni lo provocaron ni lo intimidaron. En cuanto a la sustancia de la fe, fue muy claro, muy inequívoco y no alumbró contradicciones internas. En otros puntos, debo decir, a menudo fue una mezcla de incomprensión y agresión lo que se acumuló sobre él y terminó cayendo sobre la persona del papa. Para mí, esta falta de comprensión de parte de muchos, también y especialmente en cuanto hace a los medios de comunicación, sigue siendo un secreto, un misterio del que simplemente tengo que tomar nota hasta el día de hoy, pero que no puedo resolver. No tengo respuesta para eso.

El propio papa Benedicto no temió hablar con los periodistas. Usted mismo dijo que estas conversaciones eran una muestra de su especial cordialidad y de su humanidad, a veces incomprendida o subestimada.

Así es: el papa Benedicto nunca ha temido entrar en contacto personal con los medios de comunicación, con los periodistas. Y uno de sus grandes dones fue y es que simplemente habla de tal modo que la mera transcripción de sus palabras puede verterse en la prensa. No temía responder preguntas que pudieran llegar a ser comprometidas, incluso difíciles. Por tanto, se entiende aún menos que las flechas vinieran a veces de ese campo, o que abrieran fuego contra él sin una razón aparentemente clara. Él mismo tomó nota de eso. Por supuesto, algún que otro incidente llegó a dolerle. Especialmente si llegaba a preguntarse por el motivo de este comentario cáustico o aquella presentación tan cínica. Por supuesto que le dolía, es un ser humano. Sin embargo, sin inmutarse, también supo que la medida estándar no era el aplauso, que la medida es la corrección interior, que el estándar es la proclamación del Evangelio. Eso siempre lo consoló. Permaneció en esta línea hasta el final.

¿Ha visto también el valor de los medios de comunicación en términos de evangelización? Le dio a la Madre Angélica, fundadora de nuestra estación de televisión, la Orden de Pro Ecclesia et Pontifice. *Probablemente también la valora mucho. ¿Hasta qué punto veía el papel de los medios de comunicación en esta tarea específica de la evangelización?*

Los medios de comunicación son un instrumento importante, cada vez más importante incluso, especialmente en nuestro tiempo. Y ha reconocido repetidamente el valor de los medios y el trabajo con los medios y de aquellos que respaldan el trabajo con los medios. Porque a fin de cuentas hay gente detrás de esos medios. No es simplemente «un ente». Detrás de cada cámara, detrás de cada palabra escrita, detrás de cada libro, detrás de cada entrevista, hay personas, a algunas de las cuales ha valorado mucho, así como su trabajo, independientemente de lo que hayan dicho en su contra.

No se puede pensar en el papa Benedicto y en su época sin pensar en su renuncia. Parece que siempre será así. Vuelvo entonces a preguntar: ¿Lo esperaba? ¿Tenía realmente claro que algún día daría ese paso?

Yo personalmente no lo esperaba. No sé hasta qué punto él estaba preparado y cuándo empezó a considerarlo. Solo sé que me lo dijo cuando llegó el momento. Pero no lo esperaba y el impacto para mí fue, por lo tanto, grande.

En las últimas memorias que aparecieron —me refiero al libro Últimas conversaciones con Peter Seewald—, Benedicto XVI dejó muy claro una vez más que no habría renunciado si hubiera estado bajo algún tipo de presión externa, o por algún asunto actual que se hubiese puesto feo. Nunca hubiera hecho algo así. Y realmente no fue esa la situación...

Correcto.

¿Con eso se pone fin a la discusión, a ulteriores reflexiones sobre cuáles fueron los motivos?

En el texto de Castel Gandolfo, que es el penúltimo libro con Peter Seewald, ya respondió de manera inequívoca y afirmativa a la pregunta de si es posible que un papa renuncie. No sé hasta qué punto ya había contemplado una posible renuncia al cargo. Está muy claro que en el momento en que surge la reflexión, deben existir razones. Ofreció esas razones de manera bastante sencilla y abierta; muy honestamente, hay que decirlo. Sufrió una merma en sus fuerzas, la fuerza mental y la física. Y la Iglesia necesita un timonel fuerte. Ya no se veía a sí mismo en condiciones de ser ese timonel poderoso. Por eso quiso devolver la autoridad que había recibido de Cristo para que el Colegio Cardenalicio pudiese elegir a un sucesor. Por descontado, el pontificado de Benedicto XVI pasará a la historia relacionado con esta dimisión. Irán de la mano.

Me conmovió mucho ver cómo dio su último discurso a los sacerdotes de su diócesis, un discurso que versó sobre el Concilio Vaticano II. Por supuesto, me pregunté: ¿por qué se retira este hombre? Porque el poderío intelectual estaba ahí. Fue un discurso pronunciado sin recurrir a las notas, en el que básicamente presentó nuevamente todo su legado, casi podría decirse, en relación con el Vaticano II; en él expresó su deseo de que algún día todas sus directrices pudieran ser implementadas.

Así fue, y recuerdo que fue en la sala de audiencias. Durante muchos años, el papa ha recibido al clero de Roma, que era su clero diocesano, el jueves siguiente al Miércoles de Ceniza. Hubo preguntas y respuestas, y algunas otras formas de encuentro. Y en 2013 le llegó la solicitud para hablar sobre el Vaticano II. Eso fue después de su declaración de intenciones el 11 de febrero indicando que renunciaría. Luego pronunció su discurso sin notas y describió una vez más desde su perspectiva la situación, todo el desarrollo antes del concilio, durante el concilio y después del concilio, con su evaluación. Eso es algo que perdura. Esto también es muy importante para comprender el Concilio Vaticano II, porque no conozco a ningún otro teólogo que haya defendido los documentos del Concilio Vaticano II con tanta intensidad y rigor como él lo ha hecho hasta el día de hoy. Esto también es de la mayor importancia para la vida interior de la Iglesia y el Pueblo de Dios.

Desempeñó un papel clave en la configuración del Concilio Vaticano II.

De hecho, participó como consultor del cardenal Frings. Muchas contribuciones teológicas hechas por el cardenal de Colonia fueron escritas por el joven profesor Ratzinger en ese momento. Es algo que puede constatarse echando un vistazo a los documentos. Ya hay tesis doctorales que revelan dónde está esa influencia pasada del profesor Ratzinger, visible en muchos sitios.

Volvamos al momento de su dimisión, a las últimas horas. Fue conmovedora su salida en helicóptero hacia Castel Gandolfo, retransmitida por la televisión. A usted también se le vio muy conmovido. Después, el cierre de las puertas de Castel Gandolfo. Yo, y tal vez muchos conmigo, pensamos que nunca volveríamos a ver al papa Benedicto. Pero las cosas han sucedido de otro modo.

Sí, esa fue efectivamente la despedida. Luego la llegada al helipuerto, el vuelo en helicóptero sobre Roma hasta llegar a Castel

Gandolfo, más tarde a la Villa Pontificia. A las ocho de la tarde se cerraron las puertas. Antes de eso, el papa Benedicto XVI pronunció el pequeño discurso en el balcón, su discurso de despedida. ¿Y después, qué? Bueno, el monasterio Mater Ecclesiae no estaba terminado y se planteó la cuestión de dónde podría ir. La decisión se tomó con relativa rapidez: lo mejor sería ir a Castel Gandolfo. Todo estaba a mano allí. No se sabía cuánto tiempo llevarían las obras de renovación del monasterio. Podría quedarse allí todo el tiempo que fuera necesario. Después de dos meses regresó, y ha vivido aquí en el monasterio Mater Ecclesiae desde entonces. Él mismo había dicho anteriormente que se retiraría, pero no a la vida privada. Más bien, se dirigía al monte a rezar, a una vida de oración, meditación y contemplación, para así servir a la Iglesia y a su sucesor. Y el papa Francisco a menudo ha dicho que no tiene por qué esconderse. Es por eso que lo ha invitado repetidamente a los grandes consistorios y servicios religiosos públicos. Todavía recuerdo muy bien la apertura del Año Santo el 8 de diciembre de 2015. Benedicto XVI está presente, incluso después de convertirse en papa emérito, incluso cuando no se le ve. Pero en la medida de lo posible a él le gusta estar presente, pero invisible.

Mucha gente trata de verle, y él lo permite. ¿Está contento con estos encuentros? Yo mismo tuve la oportunidad de encontrarme brevemente con él en una ocasión. Mucha gente que quiere verlo sigue preguntando por él.

Son incontables las personas que solicitan verlo. Y hay mucha gente que luego se entristece cuando descubre que no es posible. Pero los que vienen están muy contentos y felices, y lo mismo cabe decir por lo que a él respecta. Todo encuentro es siempre un signo de respeto y cariño, y también de entendimiento. Estos encuentros humanos siempre son buenos para ambas partes.

¿Viene a él la gente en busca de consejo?

Ciertamente. Estoy convencido de ello. Yo nunca estoy ahí. Siempre es un encuentro personal con alguien, o con una pareja. Por supuesto, habla mucho de eso, y comentamos las visitas. Siempre hay gente que busca su consejo sobre cuestiones personales. Y estoy convencido de que también obtienen buenos consejos.

¿Sigue recibiendo muchas cartas? ¿Quién le escribe?

Le escriben personas que lo conocen de antes. A algunas de ellas no las conozco, tampoco él las conoce, pero es evidente que han llegado a él a través de sus escritos. Expresan su gratitud, su alegría, y a veces también expresan sus preocupaciones. Hay gente de todo el mundo. No es que ahora solo le escriba cierto tipo de personas; de ningún modo. Son personas de todas las edades y de todas las opiniones, y lo mismo cabe decir de su estatus social, no hay patrón alguno.

Acabamos de hablar de «buscar consejo». El papa Francisco, que ahora tiene una edad avanzada, dijo que se debe buscar el consejo de los ancianos, de los abuelos. ¿Alguna vez el papa Francisco pidió consejo a Benedicto? ¿Cómo es la relación entre los dos?

Sí, se da el caso que el papa Francisco dijo una vez en una de sus entrevistas que le hacía muy feliz tener un abuelo en Benedicto, un «abuelo sabio». El adjetivo no debe omitirse. Eso ciertamente se alimenta de los encuentros y contactos que tienen los dos.

Ahora tiene usted una relación muy intensa y personal con Benedicto. No sé si es apropiado hablar de una relación padre-hijo. ¿Ha hablado con él de su futuro?

No.

Se sabe que también le gustaría hacer trabajo pastoral. ¿Han hablado de eso?

Así es como va: en el pasado, no se hablaba de eso. Solo en el momento en que dijo que dejaba el cargo me pidió que me hiciera cargo del puesto que ahora tengo. Esa fue su decisión, sin hablar conmigo al respecto. Yo era bastante escéptico. Le dije: «Santo Padre, puede que esto no sea lo mío. Pero si cree que eso es lo correcto, lo que debo hacer, entonces lo aceptaré con gusto a modo de obediencia». Él me dijo: «Es lo que quiero. Le pido que acepte». Esa fue la única vez que hemos hablado sobre mí y sobre mi futuro profesional.

¿De qué temas habla con él? ¿Qué cosas le afectan del mundo, con sus muchas crisis, también con respecto a la situación de la Iglesia?

El papa Benedicto participa naturalmente en lo que está sucediendo en el mundo y en la Iglesia. Vemos las noticias italianas todas las noches para terminar el día. Luego están los periódicos, cuenta con la revista de prensa del Vaticano. Así que hay mucha información a su alcance. Y, por supuesto, a menudo hablamos de cosas que son de gran actualidad en el mundo, y también sobre los desarrollos actuales aquí en el Vaticano y más allá del Vaticano, o sobre cosas que hemos vivido juntos durante los últimos años.

¿Está muy preocupado por la Iglesia?

Naturalmente, es consciente, especialmente ahora en su país de origen, de que asistimos a un desmoronamiento de la fe y de la sustancia de la fe, algo que ocupa sus pensamientos y le preocupa espiritualmente. Pero él no es una de esas personas que dejan que se le arrebate la alegría, nunca lo ha sido y no lo será en el futuro. Lo que hace es tomar estas preocupaciones para añadir intensidad a la oración, y cuenta con que esa oración provea los remedios para esas situaciones.

Lleva todo eso a la oración y ciertamente también a la Santa Misa. Predica los domingos y toma a tal fin pequeñas notas. ¿Qué ocurre con esas notas?

Es cierto que el papa Benedicto XVI interpreta el Evangelio domingo tras domingo. La mayoría de las veces, solo las *Memores Domini* están presentes. A veces hay un visitante, o, cuando yo no estoy, un hermano mío que concelebra. Siempre predica sin notas. Tiene una libreta con homilías, eso es verdad. Allí transcribe sus notas. Yo mismo me he preguntado qué pasa con las notas. Pero ahí queda la cosa. Un día me gustaría preguntarle si acaso revisa las notas que tenemos nosotros mismos y si las aprueba. No sé si llegará el día.

El papa Benedicto es indiscutiblemente uno de los más grandes teólogos de nuestro siglo. El cardenal Meisner lo ha denominado «el Mozart de la teología» y usted escribió: «El papa Benedicto XVI es un Doctor de la Iglesia. Y ha sido mi maestro hasta el día de hoy». ¿Qué ha aprendido personalmente de él, incluso en las últimas semanas?

Dije anteriormente que mi pensamiento teológico comenzó con la lectura de la *Introducción al cristianismo* y que mi maestro de teología siguió siendo el teólogo Ratzinger durante y después de mis estudios teológicos, y eso ha seguido siendo así hasta hoy. Conocerlo personalmente y aprender cosas nuevas a través de su propia personalidad es, por supuesto, otro regalo añadido. Estoy muy agradecido por eso. Sé que es una gracia. Se lo agradezco a Dios todos los días.

¿Qué lecciones debemos aprender los creyentes del pontificado de Benedicto?

Su gran preocupación era que la fe se estaba evaporando. Y su gran deseo es sin duda que cada persona encuentre su relación directa con Dios, con el Señor, con Cristo y que esa persona dedique a esta relación tiempo, fuerza y cariño. Quien haga esto sentirá y experimentará lo que mueve a Benedicto cuando habla de alegría. Creo que sería un gran regalo para él si la gente aceptase este ofrecimiento y compartiera con él el gozo del Señor.

13.
EL PASADO Y EL FUTURO DE EUROPA. LO QUE EUROPA PUEDE APRENDER DE SU PASADO ROMANO[1]

VIVO EN ROMA, EN EL VATICANO, desde 1995. Nada menos que veintidós años. La Ciudad Eterna se ha convertido en mi hogar. Cuando quedó claro que aceptaría la invitación a Bad Füssing para impartir una conferencia, nos preguntamos, como ocurre en estos casos, de qué podría hablar. Entonces vino a mí el *genius loci*[2] y, dado que 2017 es un año clave para Roma y Europa, enseguida tuve claro que el tema debía tener algo que ver con Roma y Europa. Una fecha importante, concretamente el 25 de marzo, y una experiencia personal me ayudaron. El pasado 25 de marzo se conmemoró el sesenta aniversario de la firma del Tratado de Roma. En vísperas de esta importante fecha, el papa Francisco recibió en el Vaticano a los jefes de Estado y de los gobiernos de la Unión Europea.

---

[1] Conferencia pronunciada el 1 de julio de 2017 en Bad Füssing (Baviera) con ocasión del sesenta aniversario de la firma del Tratado de Roma.

[2] Espíritu protector del hogar en la antigua mitología romana (N. del t.)

¿Puede la Europa en la que hoy vivimos aprender algo de su pasado romano?

Roma se encuentra a una altura media respecto al Mediterráneo, aproximadamente a la misma distancia por mar de los estrechos occidental y oriental de Gibraltar y el Bósforo. El mar Mediterráneo —literalmente: el mar entre tierras— está entre África, Asia y Europa, entre Oriente y Occidente, una ubicación desde la que se constituyó en centro de la espiritualidad, el comercio y el poder en la antigüedad. Aquí se dieron cita las culturas fenicia, griega, etrusca, cartaginesa y romana. Ninguna ciudad ha dado forma a Europa de forma más larga y profunda que esta Roma privilegiadamente situada. De igual forma que Occidente debe a los griegos su mitología y la filosofía, debe a Roma su pensamiento y su organización estatal y legal, su tensión secular entre su propia identidad y su reivindicación universal, y su idea de imperio.

Nada menos que el primer presidente federal alemán Theodor Heuss dijo en 1950: «Europa nació en tres colinas: la Acrópolis, el Capitolio y el Gólgota». Geográficamente, alude a tres ciudades mediterráneas: Atenas, Roma y Jerusalén. En cuanto al contenido, alude a la filosofía griega, con su personalismo, a la filosofía del Estado y al pensamiento jurídico de Roma, e igualmente a la fe cristiana. Hace seis decenios, en una de las colinas mencionadas, en el Capitolio romano, seis Estados europeos firmaron un tratado que marcaría el comienzo de una nueva era: naciones que unos años antes habían estado luchando entre sí en la más cruel y aterradora de todas las guerras fratricidas europeas se conjuraron para alumbrar un futuro común. Los seis países que fundaron la Comunidad Europea del Carbón y del Acero (CECA) en París en 1951 se reunieron para formar la Comunidad Económica Europea (CEE). Desde el principio, su objetivo fue la expansión, profundizar y ampliar esa unión.

El 25 de marzo de 1957 fue un día lleno de expectativas, esperanza, entusiasmo y temor. Y solo un evento tan extraordinario por su alcance y sus consecuencias históricas podía convertirlo en un día único en la historia. La conmemoración de ese día se junta con las esperanzas de hoy y las expectativas de los pueblos de Europa, que están demandando una reflexión profunda sobre el presente, para retomar con renovado ímpetu el camino que entonces elegimos.

Hay algo de «romano» en esta ambición, porque Roma nunca ha sido modesta ni autocomplaciente. Roma siempre se sintió llamada a un propósito, a una idea, a una misión. De ahí que el papa Francisco recordase a los líderes de Europa, a quienes recibió a finales de marzo con motivo del aniversario del Tratado de Roma, esta «vocación a la universalidad» de Roma. Por eso se eligió Roma como lugar para la firma de los tratados; porque aquí es donde se sentaron las bases políticas, legales y sociales de nuestra cultura. En concreto, el papa declaró:

Los padres fundadores nos recuerdan que Europa no es un mero conjunto de reglas a observar, ni un manual de protocolos y procedimientos a seguir. Es una forma de afrontar la vida, una forma de entender a los seres humanos basada en su dignidad trascendente e inalienable, que no los toma solamente como una colección de derechos a defender o pretensiones a reclamar. En el origen de la idea de Europa está la forma y la responsabilidad de la persona humana, incluido el fermento de una fraternidad fundada en el Evangelio, con su voluntad de verdad y justicia, perfilada gracias a mil años de experiencia.

La *Pax Romana* fundada en el poder de las legiones ciertamente no es comparable con la idea de paz de Europa, que ha sido refinada en guerras continentales y mundiales. Roma quiso imponer un orden de paz en su Europa —la mediterránea— y luego, cuando el Mare Nostrum fue despejado de piratas y enemigos, también se volvió hacia las frías tierras del norte. La idea europea de paz es mucho más pacifista, en el sentido de que pretende demostrarle al mundo que los conflictos se pueden librar en la mesa de conferencias en lugar de en el campo de batalla, y que este mismo método conduce a la seguridad jurídica, la prosperidad y la libertad. En cualquier caso, la Europa de hoy debe su ideal de Estado a la antigua Roma: la idea de llevar la paz y el bienestar al caos de los pueblos en guerra a través de su propio sistema legal constituye un hilo común que va desde el antiguo Capitolio de Roma hasta el actual Parlamento Europeo en Estrasburgo.

Un imperio compuesto por muchos pueblos, mentalidades, religiones e idiomas, unidos por la voluntad de un futuro común, por una idea y una visión de gobierno: esto es lo que conecta el antiguo Imperio romano con la Unión Europea de nuestros días. En medio se han dado imperios mediadores, o, dicho de otro modo, herederos: cuando la gente dice que la Unión Europea, que ha crecido de seis a veintiocho Estados miembros, quizá se haya «sobrecargado» a través de sus numerosas ampliaciones, que se ha vuelto demasiado grande para seguir el paso del progreso, nos recuerda lo que se decía del Imperio romano en los días del emperador Constantino a principios del siglo IV. Debido a que el imperio se estaba volviendo demasiado grande para ser dirigido desde un solo centro, Constantino instituyó un segundo centro en Bizancio a partir del 326. Constantinopla, la ciudad entre dos continentes, se convirtió finalmente en la heredera del imperio en la mitad oriental del Mare Nostrum. El emperador de Bizancio, en su punto álgido, gobernó los Balcanes, Asia Menor, Oriente y África del Norte. Cuando el milenario Imperio romano fue arrasado por las invasiones bárbaras, su legado oriental sobrevivió durante otro milenio, hasta la conquista de Constantinopla por el sultán Mehmet II en 1453.

Para comprender Bizancio, cuya idea del imperio conforma el humus de la Europa ortodoxa hasta el día de hoy, hay que entender qué era Roma y el intento de Constantino de bautizarla. Bizancio era una ciudad griega insignificante en un lugar geográficamente significativo, en el estrecho entre el Mediterráneo y el Mar Negro, hasta que Constantino decidió hacer de esta ciudad la nueva Roma cristiana. El primer emperador bautizado del *Imperium Romanum* no dividió el imperio, sino que cambió el enfoque: con la enorme expansión y mejora de Bizancio, Constantino le dio a esta frágil estructura un segundo pilar. Y la historia demostró que tenía razón, porque cuando la antigua Roma fue invadida por los bárbaros, cuando pesadas sombras cayeron sobre Italia, Roma sobrevivió durante un milenio completo en el cultivado Oriente. Mientras que las ciudades del oeste tenían unos pocos miles de habitantes en la Edad Media, Constantinopla podía competir con Bagdad y Alejandría, llegando a tener en ocasiones casi un millón de habitantes.

Un historiador, Ralph-Johannes Lilie, ha dicho:

> ¡Bizancio era Roma! En una tradición ininterrumpida, sus emperadores se remontaban a Julio César y Augusto, y algunas de sus instituciones y tradiciones incluso se remontaban a los inicios de la República romana. Así que era natural que los bizantinos se sintieran y se llamasen a sí mismos romanos: su imperio era el *Basileia tÐn RhÐmaiÐn*, que no es más que la expresión griega para referirse al latín *Imperium Romanum*.

El mandatario de Bizancio era el único sucesor de los emperadores romanos, el único emperador en el mundo cristiano hasta la coronación de Carlomagno en la Navidad del 800, cuando hizo su aparición un segundo heredero de Roma en la historia mundial.

Roma y Roma Oriental sobrevivieron cada una un milenio completo porque no vincularon su identidad a un territorio nacional, sino a una idea. No fueron las fronteras las que definieron su condición de Estado, sino la idea imperial con la que fueron alumbradas. Las fronteras estaban sujetas a cambios constantes, tanto a conquistas y avances como a periodos de crisis: en el siglo VII, Bizancio perdió sus rentables provincias de Egipto y Siria, más tarde Sicilia, Creta y Chipre a manos de los árabes. En el oeste, serbios, ávaros, búlgaros y húngaros infligieron pérdidas al imperio. A partir de 1071, gran parte de Asia Menor cayó en manos de los seléucidas. Constantinopla fue sitiada por ávaros, eslavos y persas, por árabes y búlgaros. En 1204 la ciudad de Constantino fue conquistada por cruzados católicos. En 1369, los turcos estaban al este y al oeste de Constantinopla, en 1388 los búlgaros se hicieron tributarios de los otomanos y en 1389 derrotaron al ejército serbio en la batalla de Kosovo. El sultán se estaba preparando para el asedio de Constantinopla cuando Manuel II Paleólogo —de fama tardía, en 2006, a causa del discurso del papa Benedicto XVI en Ratisbona— se convirtió en emperador.

Fue la idea imperial de una Roma bautizada la que hizo que Bizancio sobreviviese mil años. Durante siglos, Bizancio estuvo rodeado de más enemigos que cualquier otro imperio cristiano. Pero en el momento de mayor amenaza, fue el «reino dividido internamente» que Cristo dijo que perecería (*Mateo* 12, 25). Mientras los otomanos preparaban el asedio de la ciudad en sus afueras, los cristianos de la ciudad se peleaban: el 12 de diciembre de 1452 se menciona el nombre del papa en la Misa en Hagia Sophia, pero el monje Genadio II se opone a la unión con el papa romano. Quien desafiaba al emperador, el sultán Mehmet II, no era un hombre que respetase los compromisos. Después de la muerte de su padre, primero asesinó a su hermano menor y luego a su asesino. No quería competidores ni dejar rastro alguno. Fundó una tradición sangrienta, según la cual hasta el siglo XVII casi todos los sultanes mataron a sus hermanos para evitar guerras civiles y fraternales.

Con todas sus deficiencias, Bizancio encarnaba de alguna manera la síntesis de lo helénico, romano y cristiano a la que se refería Theodor Heuss. El legado occidental de Roma, el Sacro Imperio Romano Germánico, que tuvo su precursor en Carlomagno y terminó con Napoleón, abarcaba solo dos de estos tres elementos. En esta falta de helenismo está la raíz de esa gran escisión que se produjo con el Gran Cisma en 1054, en 1204 por la furia de los cruzados en Constantinopla y en 1453 por la caída de Roma Oriental. El papa Juan Pablo II instó a acabar con estas divisiones cuando pidió que Europa aprendiera a respirar de nuevo con ambos pulmones.

El centroeuropeo Sacro Imperio Romano también asumió el legado de Roma: con Carolus Magnus surge un imperio supranacional, cristiano y romano que afirma una aspiración y una misión universales. A juicio del historiador Franz Herre, Carlomagno «fue el último romano y el primer europeo, creador y representante de la unidad occidental». ¡De ningún modo fue el último romano! Los emperadores alemanes del Sacro Imperio durante la Edad Media se ven a sí mismos como tutores legales de los pueblos que les han confiado, como hermanos seglares del papa espiritual. Dirigen el *gladius temporalis* (la espada temporal) mientras que el *gladius espiritualis* pertenece legítimamente al papa. La dualidad de lo espiritual y lo secular, de la política y la religión, toma pie en las palabras de Jesús sobre el impuesto imperial: «Dad al César lo que es del César y a Dios lo que es de Dios» (*Marcos* 12, 17). Esta dualidad, que ha dado forma a Europa hasta el día de hoy, fue objeto de disputa en la llamada querella de las investiduras. La querella, sin embargo, fue una disputa sobre los respectivos límites, no sobre el principio subyacente. Un historiador ha escrito atinadamente: «La serie de mil años de emperadores romano-germánicos solamente heredó el título de césar. Sus verdaderos herederos y portadores en cuanto al pensamiento occidental son los papas. Roma sigue siendo la capital de Occidente». Europa sigue siendo romana.

Tan dramática como la división entre el cristianismo occidental y oriental fue también la división en el oeste. La Reforma, el nacionalismo y el secularismo antieclesiástico rompen esta dualidad entre *gladius temporalis* y *gladius espiritualis*, rompen efectivamente la unidad de Occidente con el cristianismo romano. Europa queda desgarrada, dividida en Estados que no encarnan ningún ideal ni visión, sino solo intereses egoístas que no incorporan la idea de un imperio, sino solo un nacionalismo de estrechas miras. En una conferencia en el 2000 en la histórica catedral de Speyer, el cardenal Joseph Ratzinger llamó al nacionalismo y la exclusividad de la razón instrumental los «dos pecados de Europa en los tiempos modernos»: el nacionalismo exacerbado, en tanto sustituto de la religión, es una herejía que destruye la identidad de Occidente. Hace diecisiete años en Speyer, Ratzinger pedía esto: «Europa como idea política debe reemplazar por fin el modelo nacionalista con un concepto de amplio espectro de comunidad cultural, para corregir los defectos del nacionalismo con una solidaridad que abarque a la humanidad entera». Vemos aquí, una vez más, un resplandor de esa aspiración universal profundamente occidental que el nacionalismo había destruido en innumerables guerras, entre ellas dos de alcance mundial.

Los dos herederos de Roma —Bizancio y el Sacro Imperio Romano Germánico— también tenían a su vez herederos, o al menos a algunos que reclamaban esos tronos. Bizancio tuvo incluso dos: después de tomar posesión de la ciudad de Constantinopla, el sultán se atrevió a referirse a sí mismo como *Kayser-i-Rum*, ¡el emperador de los romanos! En una carta al sultán mameluco de Egipto, escribió que había sostenido la espada de la lucha religiosa con sus manos y que era aquel que Mahoma había esperado. Hace exactamente quinientos años, en 1517, año de la escisión religiosa en Occidente, después de que todos los lugares santos, Constantinopla y Jerusalén, La Meca y Medina, pasaran a estar en sus manos, el sultán otomano reclamó el título de califa, el líder de los musulmanes. También Moscú reclamó esa herencia y se describió a sí misma como la «tercera Roma». Al oeste, el Sacro Imperio Romano Germánico fue víctima de la voluntad de poder de Napoleón en 1806. Su último emperador, Francisco II de la Casa de Habsburgo, gobernó un imperio austríaco como Francisco I desde 1804. Una vez más, la *translatio imperii* se realizó con éxito, y el Imperio austrohúngaro se convirtió en heredero del Sacro Imperio Romano.

Al igual que sus imperios predecesores, el Imperio otomano, la Rusia zarista y la Austria de los Habsburgo eran imperios multiétnicos y multirreligiosos que se caracterizaban al mismo tiempo por una idea de Estado con tintes religiosos y un sentido de misión universal, al menos en su fundamento. Estos tres imperios murieron hace un siglo: la revolución de Lenin, las fuerzas centrífugas del nacionalismo y la entrada de Estados Unidos en la guerra los llevaron a un abrupto final. Con la entrada de Wilson en la Primera Guerra Mundial y la victoria de Lenin en Rusia, lo occidental pareció haber desaparecido de la historia mundial: los Estados de Europa habían perdido primero su misión común, luego su unidad y finalmente su rango internacional.

La unificación europea, que tomó forma con el Tratado de Roma en 1957, parecía contener el potencial necesario para restaurar la misión, la unidad y la posición internacional de los europeos. La Europa unida tiene una visión: crear un espacio de libertad, paz, justicia y prosperidad. Tiene una misión orientada a la universalidad, porque los valores formulados en su Carta de Derechos Fundamentales reflejan una imagen del hombre que también podría ser un faro para otras partes del mundo. Al igual que los tres imperios romanos, la Europa unida ha mostrado una asombrosa versatilidad en las últimas seis décadas: tanto geográficamente como en cuanto a su forma de gobierno y su metodología política. En este año jubilar de 2017, sin embargo, está por ver si su «idea imperial» —la visión de un futuro común que le confiere identidad— demostrará ser lo suficientemente fuerte. O si la Unión Europea, en comparación con los tres imperios romanos milenarios, es solo un hermoso pero breve episodio primaveral en la historia invernal del declive final de la civilización europea.

Tenemos efectivamente que preguntarnos si acaso la Europa unida ha degenerado en un proyecto puramente laico en 2017, un proyecto que debería mantener una estricta equidistancia con todas las religiones y visiones del mundo. ¿O se le permite admitir que su historia y espiritualidad, su cultura y su ciencia, su comprensión de la política y el derecho están profundamente imbuidas de la fe cristiana y de la lucha de los europeos durante muchos siglos con esta fe? Dicho de otra manera: ¿es la Unión Europea un artefacto sin historia y sin alma, una especie de modelo universalista que también podría construirse en otros lugares, como quien desmonta un mueble y lo vuelve a montar en otro sitio? ¿O hay un carácter distintivo y peculiar del europeo que se refleja en la condición del Estado europeo?

Estas preguntas no son sencillamente hipotéticas; gozan de una enorme actualidad. Si exigimos que los inmigrantes de culturas lejanas estén dispuestos a integrarse y asuman algo más que el mero dominio del idioma, entonces es justo y sensato explicarles la esencia de nuestra cultura y explicar las fuentes que explican cómo entendemos la ley. Ni la igual dignidad de hombres y mujeres, ni la libertad religiosa, ni el monopolio estatal del uso de la fuerza se explican por sí mismos: no fue así para nuestros tatarabuelos en Europa y no lo es para un checheno o un sirio en nuestros días. Esto no significa que todos los agentes de policía alemanes o italianos tengan que saber qué significa la libertad religiosa en farsi, ruso o árabe, sino que la sociedad en su conjunto debe responsabilizarse de su identidad y de las fuentes de su propia imagen.

La Unión Europea hizo esto hace unos años cuando estaba a punto de redactar una Carta de Derechos Fundamentales y poco después una Constitución para la Unión. En ese momento, los políticos comprometidos, con el viento a favor del papa Juan Pablo II, lucharon por anclar una referencia a la herencia cristiana de Europa junto con una referencia a Dios (como existe en la Ley Fundamental de la República Federal de Alemania). Ambos fracasaron debido a la resistencia socialista, liberal y secular. El resultado fue una formulación correcta, pero algo anémica, en esta Carta de Derechos Fundamentales: «Consciente de su patrimonio espiritual y moral, la Unión está fundada sobre los valores indivisibles y universales de la dignidad humana, la libertad, la igualdad y la solidaridad, y se basa en los principios de la democracia y del Estado de Derecho.

Al instituir la ciudadanía de la Unión y crear un espacio de libertad, seguridad y justicia, sitúa a la persona en el centro de su actuación».

¿En qué consiste exactamente esta herencia espiritual, religiosa y moral? ¿Quiénes la conquistaron y después la legaron? ¿Y cómo pudo el testador actuar tan generosamente que hoy nos es posible a nosotros, como herederos, construir nuestra condición de Estado sobre los cimientos de «la dignidad del hombre, la libertad, la igualdad y la solidaridad»? Dada la abundancia de esta herencia, ¿no sería apropiado mostrar un poco de curiosidad? Después de todo, lo que aquí se proclama como la base de una Europa unida está en peligro en muchas partes del mundo, y es visible tan solo si se mira con una lupa o simplemente no existe. Está claro que no hablamos de algo que exista solo y exclusivamente en Europa, aunque sin duda es algo que está en su identidad, una identidad ciertamente en peligro de extinción.

Por descontado, tanto el judaísmo como el islam (al menos en las áreas del sudeste de Europa que alguna vez estuvieron ocupadas por los otomanos), y también la Ilustración y las ideologías ateas, forman igualmente parte de la herencia histórica de Europa. Pero incluso un enemigo acérrimo de la Iglesia, si defiende la honestidad intelectual y es una persona medianamente cultivada, tendrá que admitir que ha sido la fe cristiana la que ha moldeado profundamente la historia intelectual de Europa. Ni el románico ni el gótico, ni el Barroco ni el Renacimiento, ni la Divina Comedia de Dante ni el Fausto de Goethe, ni la Edad Media ni el Renacimiento, ni la Ilustración ni la era moderna, ni los derechos de las minorías ni la separación de poderes son concebibles sin el cristianismo. Cualquiera que niegue que el cristianismo es parte de la herencia europea ha cruzado la línea que delimita la ideología y se ha pasado al bando de los idiotas.

Finalmente, hay otra pregunta muy interesante, si bien distinta: ¿puede el cristianismo ser, no solo la raíz, sino también la flor del estilo de vida europeo? La resistencia política a las referencias al cristianismo se debe al hecho de que la fe en la historia de Europa está asociada no solo a acontecimientos positivos, sino también a desarrollos cuestionables, dudosos y conflictivos, a menudo erróneamente, pero a veces también de manera justificada. Nadie quiere que se reedite la querella de las investiduras, ni un retorno al principio *cuius regio, eius religio* de la paz religiosa de Augsburgo en 1555, o que la UE en su conjunto sea un Estado eclesiástico. La cuestión de si la cultura líder de Europa podría ser cristiana es significativamente más atractiva: la dignidad humana de cada persona, el Estado de derecho en lugar del poder de los más fuertes, el orden social de la sociedad, el principio del bien común, la solidaridad con los débiles e indefensos, la subsidiariedad como el principio rector del Estado y la sociedad, la libertad de conciencia: todos estos son frutos auténticos del cristianismo.

En lugar de luchar contra nuestros propios padres, como adolescentes que se revuelven al alcanzar la pubertad, los europeos deberíamos aceptar con gratitud la herencia cristiana de Occidente. Lo que las generaciones que nos precedieron pensaron, investigaron y creyeron no está desactualizado ni es inútil, sino que puede ser fructífero hoy. La idea de intentar construir Europa a partir de nuevas ideologías, haciendo tabla rasa con el pasado, conduce a un camino equivocado, peligroso y autodestructivo.

Lo que hace que el cristianismo sea tan valioso para Europa no es lo que hizo por nosotros ayer, sino lo que podría ofrecer hoy para que recuperásemos nuestra identidad e hiciésemos frente al mundo. Socialmente, podría ayudarnos a redescubrir la conciencia amenazada del bien común, a comprender y transmitir qué es el Estado de derecho, a armonizar la libertad de la persona con la solidaridad. Respecto a la política exterior, podría ayudarnos a representar con pundonor nuestros propios ideales e intereses en un mundo sacudido por efervescencias religiosas y nacionalistas. Solo cuando los europeos tomemos conciencia de nuestra propia identidad seremos también capaces de delimitar y, por tanto, de integrar. Solo entonces una sociedad más segura de sí misma podrá defenderse sin miedo de las ideologías totalitarias. Sólo entonces podremos conservar nuestras valiosas conquistas y, al mismo tiempo, atrevernos a un nuevo comienzo. Esto es lo que Europa puede aprender de su pasado romano en este 2017.

14.
LA SANTIDAD[1]

HOY NO COMIENZO LA HOMILÍA como de costumbre con «Queridos hermanos y hermanas», sino con: «Queridos santos de Bad Säckingen». Naturalmente, eso nos parece fuera de lugar porque en el sentido convencional de la palabra no somos santos ni queremos ser santos. Lo primero es admitir que somos cristianos de nivel medio; lo segundo, que nos resulta demasiado agotador o aburrido convertirnos en santos. Como me dijo recientemente un anciano bebedor: «¡Más vale estar ebrio que ser un hipócrita!».

El apóstol Pablo aún no estaba familiarizado con distinciones tan sutiles. Desde el principio, dirige su carta a los cristianos romanos. «A todos los que están en Roma, amados de Dios, llamados santos». Pablo se dirige a los cristianos ordinarios como santos. Todos los que son amados por Dios y pertenecen a Cristo son para él «santos». Si dijésemos algo así hoy, sonaría

---

[1] Homilía predicada en la catedral de san Fridolín, Bad Säckingen (Alemania), el 11 de marzo de 2018.

hipócrita, porque pensamos en cristianos excepcionales cuando hablamos de los santos; a estas mujeres y estos hombres que asociamos con lo heroico los tenemos por sobrehumanos, y en última instancia los consideramos inalcanzables. Una concepción de algún modo unívoca de lo que significa santidad ha contribuido a que tengamos una percepción sesgada, fruto de una idealización malsana que a menudo refleja ilusiones santurronas antes que biografías reales.

Hay que tener esto muy presente, no para buscar la confrontación o estropear la veneración de los santos, sino para tomar conciencia de que los santos canonizados eran personas con fortalezas y debilidades. Pero ese no fue el factor decisivo en su caso, ni siquiera en ciertas cuestiones importantes. Fueron más bien personas que pusieron sus vidas, con todos sus claroscuros, a disposición de Dios.

Ya estamos inmersos en la festividad de san Fridolín, el apóstol de nuestra patria y los alamanes. Su fiesta está destinada a dirigir nuestra atención a la importancia de los santos y a su veneración en nuestra vida personal. ¿Qué pensamos de la santidad y de la veneración hacia los santos? Propongo que nos hagamos cuatro simples preguntas:

1. ¿Por qué veneramos a los santos?

2. ¿Cómo los veneramos?

3. ¿De qué modo es compatible esa veneración con la veneración a Dios?

4. ¿Merece la pena que uno mismo tome el camino de la santidad?

Primero: ¿por qué veneramos a los santos?

«Un santo es una persona a través de la cual brilla el sol». Así lo expresó un niño, con bastante inocencia. Había visto una ventana de una iglesia con figuras de santos y estaba asombrado por el luminoso resplandor de la imagen, ya que el sol lo iluminaba desde afuera y brillaba a través de él. Dios es el sol de nuestra vida y quiere que brillemos. Un santo es aquel que deja que ese sol resplandezca para que otros lo perciban.

Los santos son aquellos creyentes que partieron de este mundo en un estado de gracia y ahora están en la gloria del cielo. Todos los que cumplen estos dos requisitos, sin excepción, son santos. Pero de manera especial llamamos «santas» a aquellas personas que han sido canonizadas por la Iglesia, por el papa para ser exactos. La canonización no les abrió las puertas del cielo; la canonización solo los hizo ser conocidos como santos. La Iglesia tiene la inconfundible seguridad de que ciertas personas han alcanzado su meta celestial.

Veneramos a los santos porque son amigos de Dios y nuestros benefactores. La designación de los santos como amigos de Dios está justificada, porque quien muere en estado de gracia y recibe la gloria celestial solo puede ser amigo de Dios. En el cielo hay incontables personas que se han vuelto santas, que han alcanzado la meta. Pero se presta una especial atención a los santos, a quienes nombramos e invocamos. En el cielo no hay envidia, no hay nadie que lamente que algún otro goce de una posición superior. En todo caso, hay un orden de precedencia entre ellos. Los canonizados por la Iglesia tienen una posición especial. Tienen prioridad sobre los demás y son utilizados por Dios de una manera especial para hacer bien a la gente. San Fridolín rechazó el paganismo en nuestra región y proclamó el cristianismo. Plantó la fe en los corazones de las personas y fundó iglesias y monasterios. Por eso podemos llamarlo y venerarlo como nuestro padre en la fe.

Los santos son benefactores en la tierra y aún más benefactores en la eternidad. Los adoramos porque son amigos de Dios y porque nos protegen.

Segundo: ¿cómo veneramos a los santos?

Todos los que están unidos a Dios por la gracia también están unidos entre sí. Y así nosotros, que todavía estamos en peregrinación, tenemos un vínculo con quienes han alcanzado la meta de la peregrinación. Mostramos este vínculo de muchas maneras. Veneramos a los santos invocando su intercesión. Estamos demostrando la confianza que tenemos en ellos, porque llevan nuestras oraciones ante el trono del Todopoderoso.

Parece que Dios ha designado a ciertos santos para ciertas causas, por así decirlo. Recurrimos a san Otilio para los problemas oculares, por ejemplo; llamamos a san Florián para que nos proteja del fuego. ¡Cuántas veces, cuando hemos perdido algo, hemos llamado a san Antonio de Padua y cuántas veces su intercesión nos ha devuelto el objeto perdido!

La primera forma en que veneramos a los santos es a través de la intercesión, la segunda mediante la celebración de sus fiestas. Celebramos la Santa Misa en memoria de ellos, ¡eso es exactamente lo que estamos haciendo aquí y ahora! Colocamos sus fotos y visitamos los lugares donde trabajaban. Los veneramos apreciando sus imágenes y reliquias. Cada uno de nosotros lleva unas imágenes de sus seres queridos no solo en su corazón; hemos guardado sus fotografías en nuestros apartamentos, en nuestros álbumes, y tenemos estas imágenes en alta estima. ¡Cuánto más debe ser esto cierto para aquellos que han logrado la victoria sobre el pecado y la muerte! Por eso las imágenes de los santos se colocan en nuestras iglesias, y por eso se veneran sus reliquias.

También veneramos a los santos llevando sus nombres. A cada uno de nosotros se le dio el nombre de un santo en el bautismo, porque se supone que el santo es su patrón y su ejemplo. Ese es el doble significado del nombre: protección y ejemplo a seguir.

Veneramos a los santos colocando objetos y lugares bajo su protección. Si miramos los nombres de las localidades del mundo, encontraremos que muchos lugares tienen nombres de santos. Ocurre aquí en Alemania, pero también en nuestros países vecinos, en Suiza, Austria, Francia, Italia y en muchos otros países. Estos lugares se colocan bajo la protección del santo cuyo nombre llevan el germano «St» referido al santo: St. Blasien, St. Ulrich, St. Peter, St. Märgen, St. Moritz, St. Anton, St. Christoph, St. Georgen... Estos nombres son una señal de que nuestros antepasados creyentes confiaban en la protección de los santos y querían honrarlos.

Por eso veneramos a los santos celebrando sus fiestas, invocando sus nombres para que intercedan por nosotros, invocándolos para que protejan objetos y lugares.

Tercero: ¿de qué modo es compatible la veneración de los santos con la veneración de Dios?

¿No es acaso esta veneración de los santos un impedimento, como denuncian quienes se oponen a ella? ¿No va en detrimento de la veneración de Dios? ¿No le quitas algo a Dios si veneras a otros además de a Él?

La respuesta es esta: veneramos a los santos por amor a Dios. Ellos reflejan el esplendor de Dios. Sus obras son un regalo de Dios, su gracia es evidente en ellas. Seríamos unos completos ingratos con Dios si no quisiéramos venerar a los santos, si no alabáramos los poderosos actos de Dios en ellos. Sería menospreciar a Dios que fuésemos indiferentes a lo que hizo en los santos y a través de ellos. No, no es adorarle menos que veneremos a los santos, porque Dios es poderoso y maravilloso en sus santos. Se valió de ellos y hay que alabar al maestro artesano que creó estas maravillosas herramientas.

Nota importante: no veneramos a los santos como veneramos a Dios. Adoramos a Dios. Esto no puede decirse de la veneración de los santos. No los adoramos, los veneramos como criaturas que se encuentran a una distancia infinita del Creador. Adoramos solo a Dios, ofrecemos nuestro sacrificio solo a Dios. La ofrenda de la Misa no se ofrece a ningún santo. Les recordamos en la Santa Misa y damos gracias por lo que Dios les ha hecho. Pero el sacrificio de la Misa, por ser el sacrificio de la Nueva Alianza, solo se ofrece al Creador, solo se ofrece al

Dios Todopoderoso. Veneramos a los santos, pero adoramos a Dios. La veneración de los santos, correctamente entendida, es, por tanto, siempre una alabanza a la gracia de Dios, que puede hacer santos de débiles seres humanos.

Cuarto: ¿merece la pena que uno mismo tome el camino de la santidad?

La mejor veneración de los santos no se realiza a través de cosas externas y, a veces, superficiales; la mejor veneración de los santos se realiza a través de la imitación. Ellos son el Evangelio vivido. Deberíamos emularles. Por supuesto, no todo lo que han hecho los santos es susceptible de ser imitado. Algunas cosas solo se pueden admirar y no imitar.

Los santos son evidencia del conocimiento del apóstol Pablo de que «ahora bien, la ley ha intervenido para que abundara el delito; pero, donde abundó el pecado, sobreabundó la gracia» (*Romanos* 5, 20). Y eso nos lleva a nosotros mismos, queridos hermanos cristianos, a admitir en última instancia que no hemos hecho lo que como cristianos deberíamos haber hecho. Esto a menudo nos desanima tanto que nos quedamos callados; con la conciencia inquieta hemos cumplido con las exigencias de la moral, que, para muchos de nosotros, son la suma y sustancia del Evangelio. Entonces, la fe consiste únicamente en instrucciones morales o en seguir un código de rigurosos requisitos, que deben cumplirse con el máximo esfuerzo para ser admitidos en el Reino de Dios, algo inalcanzable para nosotros, porque no queremos ser bienaventurados ni santos. Y luego nos perdemos el hecho de que Jesús no solo dijo: «¡Bienaventurado cuando (¡!) eres pobre, cuando lloras, cuando tienes hambre y sed de justicia», sino más bien «¡Bienaventurado tú que eres pobre, que lloras y eres pacífico!». Estos son los requisitos de entrada. Las Bienaventuranzas del Sermón de la Montaña no son imposiciones, sino votos de confianza: Jesús confía en sus discípulos, en nosotros, que pueden vivir y actuar así, porque ya han vencido el miedo a sí mismos y sobre todo el miedo a Dios mediante la confianza ilimitada en su amor.

No tenemos que ser ejemplares e impecables en todo. Lo decisivo sucedió hace mucho tiempo: vamos ya camino de la santidad al ser bautizados y pertenecer a Cristo para siempre. Como bautizados, podemos llegar a ser santos si hacemos lo que Roger Schütz, fundador de la comunidad de Taizé, dijo una vez de manera insuperable: «Vive lo que has entendido del Evangelio, ¡pero vívelo, vívelo plenamente!». Si nos damos cuenta de esto, queridos hermanos y hermanas, si lo tomamos en serio, es que estamos en el camino correcto. No hace falta «estar ebrio» para eso, y el asunto no tiene nada que ver con la hipocresía. Vale la pena ir por el camino de la santidad porque, como dice Anton Walter en su poema,

Solo los santos sanan al mundo.
Lo perturban quienes va con prisa,
quienes odian lo dividen y destruyen,
los libertinos lo vacían en vano.
Quienes calmadamente sostienen, construyen la casa,
y quienes renuncian la adornan.
Quienes sirven a Dios bendicen su tiempo,
y quienes expían disminuyen el sufrimiento.
Estás llamado a prepararte:
¡únete a los santos y sana el mundo!

15.
CULTURA Y NATURALEZA[1]

HAN ELEGIDO LA *CASINA DI PÍO IV*, en el corazón de los Jardines del Vaticano, como sede del llamado Foro de Roma. Este palacio a la altura de la colina del Vaticano, conocido en Roma como la *Casina del Boschetto*, fue construido como residencia de verano del papa Pío IV y terminado en 1561. Desde 1936 ha sido la sede de la Pontificia Academia de las Ciencias, pues desde 1628 los papas pasan el caluroso verano romano sobre todo en Castel Gandolfo, en los más frescos Montes Albanos. Hoy, sin embargo, el papa Francisco también pasa los días más calurosos del año en la Domus Sanctae Marthae, la nueva casa de huéspedes de los papas, más moderna y con aire acondicionado, que se terminó solo hace una veintena de años, bajo Juan Pablo II, en 1996. Esta breve relación muestra, casi a modo de parábola, que el Vaticano, como la Iglesia católica, está cambiando bajo cada titular del ministerio petrino.

---

[1] Discurso a los industriales alemanes en la Pontificia Academia de las Ciencias (Jardines del Vaticano, 31 de agosto de 2018).

Es por eso que la *Casina del Boschetto*, situada en un antiguo bosque detrás de la Basílica de San Pedro, es también un lugar ideal, que para nosotros en Roma representa el poder creativo de la Iglesia en medio de todos estos cambios. Porque esta casa es también una encrucijada de constancia en el transcurso del tiempo, un lugar en el que ahora queremos reflexionar sobre la creación, sobre nuestro cometido respecto a esa creación y en particular sobre el concepto de sostenibilidad.

Permítanme primero detenerme y reflexionar por un momento en un par de términos, «naturaleza» y «cultura». Porque dónde mejor que aquí, con vistas a la Basílica de San Pedro, podríamos ver y reconocer que la Iglesia católica siempre ha sido una gran potencia cultural sostenible. Por supuesto, no estoy solo en esta opinión. Tras dimitir del cargo, el papa emérito Benedicto XVI en febrero de 2013 señaló públicamente —una vez más— que para él la música occidental era una «prueba de la verdad del cristianismo», porque debería hacernos pensar que no existe en ninguna otra región del mundo una música «tan grande como la que se desarrolló en el ámbito de la fe cristiana, por Palestrina, Bach, Haendel, Mozart, Beethoven y Bruckner». «Sea lo que sea que se concluya al respecto», explicó en el mismo contexto, «debe haberse producido algún encuentro con el verdadero Creador del mundo».

También aquí, en este lugar, todo el mundo puede ver con sus propios ojos que la Iglesia católica es única. El poder de Occidente ha embellecido a Europa y al mundo de una manera única y duradera.

Una gran proporción de todos los tesoros culturales del mundo que la UNESCO incluye en su patrimonio cultural mundial se encuentra en Italia. El país es una superpotencia de la belleza, como todos saben, y por lo tanto no es casualidad que atraiga a personas de todo el mundo que quieren enriquecerse, deleitarse y elevarse con esta belleza. Y no tengo que decirles y enumerarles qué tanto por ciento de esta belleza se debe exclusivamente al sello y la creatividad de la Iglesia católica. Es difícil

154

encontrar otro contexto en el que sea más palpable y evidente qué significa en concreto la sostenibilidad en el contexto de la belleza que la Iglesia católica ha derramado sobre la ciudad de Roma a lo largo de muchos siglos.

Esto puede bastar a modo de breve mirada al amplio campo de la cultura antes de pasar al campo de la naturaleza, donde la obra bendita de la Iglesia no es tan obvia. Es cierto que toda la cristiandad afirma en su credo desde el siglo II: «Creo en Dios Padre todopoderoso, Creador del cielo y de la tierra». Sin embargo, en vista de la riqueza aparentemente casi ilimitada y la exuberancia originalmente paradisíaca de la creación, parece que los seres humanos han tenido una propensión casi innata al expolio y al desperdicio. No parece que los venecianos de la Serenísima República de San Marcos tuviesen ningún problema en talar desproporcionadamente la costa dálmata para obtener la madera que necesitaban para los barcos de sus flotas, en cuyas capacidades de transporte descansaba su fabuloso esplendor y sus riquezas.

También se dijo una vez de España, lo aprendí en la escuela, que en la antigüedad una ardilla podía cruzarla saltando de árbol en árbol, así de densamente boscosa debía ser la península Ibérica en épocas anteriores, y así de violenta debió ser la sobreexplotación a la que se dejaron arrastrar una y otra vez los hombres, seducidos por los abundantes bienes que la naturaleza ofrecía, hasta llegar a la catastrófica destrucción de las selvas tropicales en nuestros días. La cultura judeocristiana a menudo se sintió alentada por el mandato bíblico: «Llenad la tierra y sometedla» (*Génesis* 1, 28), pero hoy debemos comprender y concebir el mandato bíblico más precisamente según el original hebreo: hemos de tomar posesión de la tierra cultivada y «hacer que pueda ararse».

Esta reverencia por la creación creció de un modo que fue casi un salto cuántico por medio de los grandes santos de la Edad Media, comenzando con la obra fundamental de san Benito en cuanto al cultivo de los campos. Aún le debemos a él y a sus hijos las poblaciones de peces de muchos lagos de Baviera y el drenaje de innumerables pantanos. La gente debería conocer estos hechos, que no son tan visibles y fácilmente reconocibles como las magníficas iglesias de Roma, repletas de obras maestras. Como otro punto de inflexión en la conciencia de los pueblos de Europa hay que entender el Cántico del Sol de san Francisco de Asís, que vivió de 1181 a 1226, y a quien volveré a referirme en breve.

Pero primero quiero recordar con gratitud a los alemanes que, en el siglo anterior a Francisco, santa Hildegarda de Bingen habló de la creación al otro lado del Rin de una manera que nunca se había hablado anteriormente. Vivió de 1098 a 1171 y escribió en su *Liber divinorum operum* (*Libro de las obras divinas*) que los seres humanos debemos aprender a través de la creación que el hombre es precisamente su cima, y que consecuentemente solo él puede determinar su propio destino. Todo lo creado está ahí para el servicio del hombre. En este sentido, sin embargo, también debemos aprender a tratar esa creación considerando que nos fue dada por Dios no para exceder nuestros límites, sino para vivir nuestra vida de una manera mística en relación con Dios, que fue quien nos creó.

San Francisco intensificó y radicalizó esta cosmovisión debida a santa Hildegarda en su Cántico del Sol, en el que alabó la tierra como hermana y madre, el viento como hermano, el agua como hermana o el fuego como hermano. No es de extrañar que el papa Francisco se refiriese a esta radicalización en su gran encíclica ambiental del 24 de mayo de 2015, que abrió con una cita de este mismo Cántico, *Laudato si'* («¡Alabado seas, mi Señor!»). Fue una especie de homenaje del pontífice a *il poverello d'Assisi* y a su espiritualidad ligada a la creación.

No obstante, está claro que esta encíclica también tiene una prehistoria que se remonta a la historia de la Iglesia, como sucede con todo cuanto tiene que ver con la Iglesia de Cristo. Porque ya en el año trascendental de 1989, el 1 de septiembre, día en que comienza el año eclesiástico ortodoxo, se dedicó a la conservación y cuidado de la creación. Por primera vez, el patriarca ecuménico Demetrio I invitó a «todo el mundo ortodoxo y cristiano» a que en adelante consagrase ese día «al Creador del mundo, con oraciones de acción de gracias por el gran don del mundo creado y con súplicas por su protección y salvación». Esta iniciativa fue adoptada por toda la Iglesia ortodoxa en 1992, con el fin de establecer un «día de acción de gracias por el gran don de la creación y la solicitud de su preservación y santificación» para todo el cristianismo. Se sumaron numerosas reuniones ecuménicas. De la Tercera Asamblea Ecuménica celebrada en septiembre de 2007 en Sibiu, Rumanía (la antigua Hermannstadt en Transilvania) vino la recomendación de «que el período entre el 1 de septiembre y el 4 de octubre debería dedicarse a la oración por la protección de la creación, y a la promoción de un estilo de vida sostenible dedicado a detener el cambio climático».

Siguiendo este impulso de la Iglesia ortodoxa, en 2015 la Iglesia católica romana finalmente introdujo el 1 de septiembre como día mundial de oración por la preservación de la creación. El papa Francisco comisionó a dos cardenales, Peter Turkson y Kurt Koch, para que organizasen este día en el seno de la Iglesia católica y para que promoviesen la cooperación ecuménica.

«Los seres humanos somos espíritu y voluntad», había dicho el papa Benedicto XVI antes de eso, en su gran discurso en el Bundestag alemán el 22 de septiembre de 2011 en Berlín ante los asombrados parlamentarios alemanes. «Pero el hombre también es naturaleza, y su voluntad es justa cuando presta atención a la naturaleza, la escucha y la acepta tal y como es, pues es alguien que no se hizo a sí mismo. Esta es la única forma en que tiene lugar la verdadera libertad humana». Y continuó diciendo que en el curso del progreso moderno nos hemos dado cuenta de que «algo anda mal en nuestro trato con la naturaleza. La naturaleza no es solo materia prima para nuestras producciones. La tierra tiene su propia dignidad y tenemos que atenernos a sus leyes».

Antes que él, el papa san Juan Pablo II ya había escrito en su primera encíclica *Redemptor Hominis,* poco después de su elección en 1979: «El hombre parece, a veces, no percibir otros significados de su ambiente natural, sino solo aquellos que sirven a los fines de un uso inmediato y consumo». Pidió una reversión ecológica mundial y utilizó el término «ecología humana» por primera vez en su predicación social.

Este término que Juan Pablo II emplea se refiere a la responsabilidad del hombre respecto a nuestra «casa común», como él mismo la llamó, que es un don que debe protegerse de diversas formas de declive. Para que esto suceda, dijo, es necesario cambiar todas las «formas de vida, los modelos de producción y consumo y las estructuras de poder arraigadas que gobiernan hoy las sociedades».

Esta ética de la responsabilidad significa, en primer lugar, que debemos reconocer nuestro estatus de criatura, especial por el hecho de ser persona. Ciertamente, la idea de que en algún lugar pudiera haber un ser que fuera un segundo «yo mismo» nos parece extraña. Ninguna criatura de esta tierra es un mundo tan propio a nosotros como el mismo hombre. Somos personas, y nuestra disposición social solo puede entenderse desde esta personalidad. El hombre es capaz de «conocer y amar a su Creador»; por eso fue «hecho señor de todas las criaturas terrestres».

El don divino de la personalidad, por tanto, significa ante todo que hay libertad y responsabilidad: a los seres humanos se nos niega el recurso a transferir nuestra responsabilidad a los demás. Responder de las consecuencias de nuestros actos es indisoluble de nuestro decidir responsable. En determinadas circunstancias, esto puede incluso poner en peligro nuestra existencia humana. Esta responsabilidad es signo de nuestra dignidad a imagen de Dios y es al mismo tiempo mandato para el desarrollo responsable de nuestra persona.

Por lo tanto, no debemos considerar nuestra naturaleza y nuestro medioambiente simplemente como absolutos, sin reservas, como si no nos importase lo que les sucediese. Citando a Romano Guardini, el papa Francisco critica en su encíclica *Laudato si'* que «el hombre moderno no está preparado para utilizar el poder con acierto». En este sentido, Francisco pide un cambio cultural a favor de la responsabilidad ecológica. Los problemas ecológicos y sociales, el compromiso con el medioambiente y el compromiso con los pobres no pueden separarse. Es en este punto donde el papa Francisco introduce el concepto de responsabilidad social-ética y el concepto de «sostenibilidad».

«Ya no puede hablarse de desarrollo sostenible sin una solidaridad intergeneracional», dice en su encíclica, y añade:

> Cuando pensamos en la situación en que se deja el planeta a las generaciones futuras, entramos en otra lógica, la del don gratuito que recibimos y comunicamos. Si la tierra nos es donada, ya no podemos pensar solo desde un criterio utilitarista de eficiencia y productividad para el beneficio individual. No estamos hablando de una actitud opcional, sino de una cuestión básica de justicia, ya que la tierra que recibimos pertenece también a los que vendrán.

En este sentido, desde la perspectiva de la ética cristiana de la responsabilidad, ustedes [los industriales] tienen también una función que cumplir respecto a la preservación y mantenimiento de la creación y de nuestros medios de vida. Puesto que poseen empresas familiares, son un ejemplo vivo de este asunto de la responsabilidad intergeneracional y, por tanto, sostenible. Viven la sostenibilidad, porque saben que el futuro necesita un pasado. En este sentido debe haber una estrecha alianza entre la Iglesia y los empresarios por el bien de la creación y los pobres.

En este sentido, el papa Francisco los considera socios privilegiados en la construcción de un sistema económico que, por responsabilidad cristiana y empresarial hacia nuestra «casa» común, deje de producir o permitir más víctimas. Como dijo el Santo Padre, puedes «utilizar tus ganancias para cambiar estructuras, para contrarrestar la aparición de más víctimas y gente descabalgada del tren del progreso; da más de tu masa madre para fermentar con levadura el pan de muchos». Con el papa, ustedes dicen «sí» a una economía que hace posible la vida y protege y sustenta el medioambiente, porque comparten, toman en consideración a los pobres y usan sus ganancias para crear comunidad.

Por ello, les doy las gracias desde el fondo de mi corazón en esta víspera del Día Mundial de la Oración por el Cuidado de la Creación, en la que se encuentran y se reúnen aquí hoy como empresarios alemanes que tienen empresas familiares. Les agradezco que deseen actuar sobre la base del pregón social papal y la encíclica *Laudato si'* y para implicarse y responder creativamente a la invitación al diálogo del papa.

Como prefecto de la Casa Pontificia, me gustaría aprovechar esta oportunidad para combinar mi agradecimiento final con una solicitud y un llamamiento muy personales. No necesito recordarles las muchas pruebas que sufre la Iglesia de Jesucristo en nuestro tiempo. La gravedad de la crisis de la Iglesia no puede obviarse. Y en la esfera política, el mundo difícilmente se ve mejor, algo que tampoco tengo que explicarles. Así es que les pido su ayuda para que la Iglesia, herida en esta hora oscura, se convierta nuevamente en la vanguardia inspiradora de un gran poder sostenible para la preservación y el cuidado de la creación para toda la tierra, que está en peligro. Es visible en muchos rincones de Roma que la Iglesia ha sido durante mucho tiempo un gran poder cultural, creador y conservador de una belleza sostenible. Porque a pesar de todos sus pecados y debilidades, la Iglesia de nuestro Señor y Salvador permanece. Así pues, ayuden en lo que puedan para que vuelva a brillar a la luz de ese fuego del Espíritu Santo, que ya la acompañó e iluminó en su inicio en Jerusalén el primer día de Pentecostés.

Además, voy a agradecerles su presencia pidiendo a Dios que les bendiga tres veces. Gracias por venir. Gracias por su compromiso. Gracias por hacer el bien activamente. Nuestro Santo Padre lo agradece mucho. Puedo transmitirles este mensaje desde el fondo de mi corazón esta noche, junto con un despierto *Grüß Gott*[2] del papa emérito, un caluroso saludo que igualmente se me ha encargado que les transmita esta noche. Él está inmerso en la noche de sus días a apenas doscientos metros de esta *Casina del Boschetto*.

¡Dios los bendiga y proteja a todos!

---

[2] Saludo común en el sur de Alemania y Austria que puede traducirse como «que Dios te bendiga» (N. del t.).

16.
EL 11S DE LA IGLESIA CATÓLICA[1]

MUCHAS GRACIAS POR LA INVITACIÓN a esta cámara, que acepté con mucho gusto, para presentar el libro del estadounidense Rod Dreher, de quien había oído hablar mucho. El padre de la regla monástica de Nursia, a quien el libro debe su título programático, me ha empujado a venir aquí. Pero también me conmovió mucho la fecha en la que previmos presentar a este valiente autor, en esta noche romana.

Porque hoy es 11 de septiembre, fecha que, en Estados Unidos, desde otoño de 2001, se conoce simplemente como 11/9, el 11S, en conmemoración del apocalíptico desastre en el que miembros de la organización terrorista Al Qaeda atacaron los Estados Unidos de América en sus ciudades de Nueva York y Washington, a la vista de todo el mundo, utilizando aviones repletos de pasajeros que habían secuestrado para después usarlos como proyectiles.

---

[1] Presentación del libro de Rod Dreher *La opción benedictina: Una estrategia para los cristianos en una sociedad poscristiana*, al Parlamento Italiano en Roma, el 11 de septiembre de 2018.

Cuanto más me inclinaba sobre el libro de Rod Dreher, en medio del huracán de noticias de las últimas semanas, más veía nuestra cita de esta noche como un acto de la divina providencia. Y es que ahora también la Iglesia católica contempla horrorizada su 11S, tras publicarse el informe del Gran Jurado de Pensilvania, aunque esta catástrofe, lamentablemente, no está solamente asociada a una fecha, sino a muchos días y años, y a innumerables víctimas.

No me malinterpreten. No quiero comparar las víctimas o el número de casos de abusos en la Iglesia católica con el total de 2996 personas inocentes que perdieron la vida el 11 de septiembre de 2001 en los ataques terroristas contra el World Trade Center y el Pentágono. Nadie ha atacado la Iglesia de Cristo (hasta ahora) con aviones comerciales repletos de gente. La Basílica de San Pedro sigue en pie, así como todas las catedrales de Francia, Alemania o Italia, que siguen siendo los hitos de muchas ciudades del mundo occidental, desde Florencia hasta Chartres, Colonia y Múnich.

No obstante, las noticias que nos han llegado recientemente de Estados Unidos, que hablan sobre multitud de almas que han sido heridas letal e irreparablemente por sacerdotes de la Iglesia católica, transmiten un mensaje peor que si todas las iglesias de Pensilvania se hubiesen derrumbado a la vez, junto con la Basílica del Santuario Nacional de la Inmaculada Concepción en Washington DC.

Recuerdo, como si fuera ayer, el día en que tuve el privilegio de acompañar al papa Benedicto XVI, el 16 de abril de 2008, a este santuario nacional de la Iglesia católica en los Estados Unidos de América, donde intentó conmovedoramente remover la conciencia de los obispos del país. Humillado por la «profunda vergüenza» causada por el «abuso sexual de menores por parte de sacerdotes», habló sobre «el enorme dolor que han sufrido vuestras comunidades por culpa de los clérigos que traicionaron sus obligaciones sacerdotales y sus deberes comportándose de un modo tan gravemente inmoral».

Probablemente fue en vano, como hoy puede verse. La queja del Santo Padre no detuvo el mal, ni tampoco el mensaje transmitido boca a boca por parte de una gran mayoría de la jerarquía. Y ahora tenemos entre nosotros a Rod Dreher, que comienza su libro con estas palabras: «Nadie vio venir este gran diluvio». En la sección de agradecimientos ha tenido un reconocimiento especial para el papa Benedicto XVI. Y uno tiene la impresión de que buena parte de su texto está elaborado a partir de una especie de diálogo silencioso con el papa emérito, de quien destaca su poder analítico y casi profético, cuando escribe:

En 2012, el entonces pontífice dijo que la crisis espiritual que se había apoderado de Occidente era la más grave desde la caída del Imperio romano a fines del siglo quinto. La luz del cristianismo se está apagando en todas partes en Occidente.

A continuación, permítanme también presentar esta *Opción Benedictina* de Rod Dreher con algunas palabras de Benedicto XVI, que he tenido siempre presentes desde que las escuché, y que me vinieron a la cabeza mientras leía el libro. Por ejemplo, el 11 de mayo de 2010, confió lo siguiente a los periodistas que volaban con él a Fátima:

El Señor nos dijo que la Iglesia siempre sufriría de diferentes formas hasta el fin del mundo [...]. Entre las cosas nuevas que podemos descubrir hoy (en el tercer secreto de Fátima) está también el hecho de que los ataques contra el papa y la Iglesia no vienen de fuera. Más bien, los sufrimientos de la Iglesia provienen de su seno, del pecado que existe en ella. Eso también se ha sabido siempre, pero hoy lo vemos de una manera verdaderamente aterradora: la mayor persecución de la Iglesia no proviene de enemigos externos, sino que surge de los pecados de la propia Iglesia.

Llevaba siendo papa desde hacía cinco años. Más de cinco años antes, el 25 de marzo de 2005, realizando el Vía Crucis el Viernes Santo en el Coliseo, mientras el moribundo Juan Pablo II lo veía frente al televisor, el cardenal Ratzinger ofreció las siguientes palabras en su meditación sobre la Novena Estación:

> Con la tercera caída de Jesús bajo la cruz, ¿no deberíamos pensar también en cuánto tuvo que sufrir el mismo Cristo en su Iglesia? ¿Con qué frecuencia se abusa del santo sacramento de su presencia, con qué frecuencia ha de entrar en corazones vacíos y perversos? ¿Con qué frecuencia nos celebramos solo a nosotros mismos sin que nos demos ni cuenta? ¿Con qué frecuencia se retuerce y se usa mal su palabra? ¿Qué poca fe hay en tantas teorías, cuánta charla vana? ¿Cuánta inmundicia hay en la Iglesia, y especialmente entre aquellos que deberían pertenecer completamente a Él en el sacerdocio? ¿Cuánta arrogancia y orgullo? Todo esto está presente en su pasión. La traición de sus discípulos, la recepción indigna de su cuerpo y su sangre es sin duda el mayor sufrimiento soportado por el Redentor; le atraviesa el corazón. Solo podemos gritarle desde el fondo de nuestro corazón: *Kyrie, eleison*; ¡Señor, sálvanos!

Anteriormente habíamos aprendido de san Juan Pablo II que en nuestra hora histórica el verdadero y perfecto ecumenismo es el de los mártires, desde el que podemos invocar a santa Edith Stein y Dietrich Bonhoeffer como intercesores en el cielo. Pero como sabemos ahora, también existe un ecumenismo de necesidad y secularización y un ecumenismo de incredulidad y huida común de Dios y de la Iglesia, que ocurre en todas las variantes posibles. Y también hay un movimiento ecuménico del eclipse general de Dios. De ahí que ahora solo estemos experimentando el momento decisivo de un cambio de época que Dreher presentó proféticamente hace un año en Estados Unidos. Él sí vio venir la gran inundación.

También afirma el autor que el eclipse de Dios no significa que Dios ya no exista, sino que muchos ya no reconocen a Dios porque las sombras están tapando al Señor. Hoy son las sombras de los pecados y ofensas y crímenes de la propia Iglesia las que oscurecen su luminosa presencia para muchos. La Iglesia popular, en la que nacimos y que nunca existió en

América, pero sí en Europa, murió hace mucho tiempo en este proceso de oscurecimiento. ¿Les suena demasiado dramático? Los números de quienes abandonan la Iglesia son dramáticos. Hay algo más que también parece dramático. De los católicos que aún no han abandonado la Iglesia en Alemania, según las últimas encuestas, solo el 9,8 % se reúne el domingo en los lugares de culto para celebrar juntos la Santísima Eucaristía.

Esto me recuerda el primer viaje del papa Benedicto XVI después de su elección, cuando hizo el siguiente recordatorio a una audiencia mayoritariamente joven el 29 de mayo de 2005, a orillas del Adriático:

El domingo es una «Pascua semanal», una expresión de la identidad de la comunidad cristiana, y centro de su vida y misión. El tema del Congreso Eucarístico («No podemos vivir sin el domingo») se remonta al año 304, cuando el emperador Diocleciano prohibió a los cristianos, bajo pena de muerte, poseer las Sagradas Escrituras, reunirse el domingo para celebrar la Eucaristía y construir lugares en los que reunir a sus asambleas.

En Abitene, una pequeña aldea en el actual Túnez, cuarenta y nueve cristianos que se habían reunido en la casa de Octavio Félix fueron sorprendidos un domingo cuando celebraban la Eucaristía desafiando las prohibiciones imperiales. Fueron arrestados y llevados a Cartago para ser interrogados por el procónsul Anulinus.

Entre otras cosas, fue significativa la respuesta de cierto emérito al procónsul, quien le preguntó por qué habían violado las estrictas órdenes del emperador. Su respuesta fue esta: *Sine dominico non possumus*; es decir, sin reunirnos el domingo para celebrar la Eucaristía, no podemos vivir. Nos faltaría la fuerza para afrontar las dificultades diarias y no hundirnos.

Tras una cruel tortura, estos cuarenta y nueve mártires de Abitene fueron asesinados. Al derramar su sangre, dieron testimonio de su fe. Murieron, pero salieron victoriosos: hoy los recordamos en la gloria de Cristo Resucitado.

Lo cual significa que el llamado «deber dominical», que aprendimos como niños en las llamadas Iglesias nacionales, es en realidad la preciosa característica única de los cristianos. Y es mucho más antigua que cualquier Iglesia nacional. Por lo tanto, la Iglesia católica se encuentra desde hace mucho tiempo en una crisis verdaderamente escatológica. Mi madre y mi padre percibían también en sus días esta «abominable desolación en el lugar santo», y tal vez cada generación en la historia de la Iglesia lo haya podido percibir en su propio horizonte. En días así me siento realmente transportado al tiempo de mi infancia, de regreso a la herrería de mi padre en la Selva Negra, donde los golpes del martillo en el yunque nunca paraban... aunque ya no tengo a mi padre, en cuyas manos seguras confié mi vida como si fueran las manos de Dios.

Obviamente, no estoy solo en esto. En mayo, el arzobispo de Utrecht, en Holanda, el cardenal Willem Jacobus Eijk, confesó que la crisis actual le recordaba «al juicio final de la Iglesia», como se describe en el Catecismo de la Iglesia católica en el párrafo 675, donde se nos recuerda que «antes del advenimiento de Cristo, la Iglesia deberá pasar por una prueba final que sacudirá la fe de numerosos creyentes». Continuamos leyendo en el mismo Catecismo: «La persecución que acompaña a su peregrinación sobre la tierra desvelará el "misterio de iniquidad"».

Rod Dreher, que sabe de exorcismos, también está muy al tanto de este *mysterium iniquitatis*, como ha demostrado con sus reportajes de los últimos meses, en los que ha promovido el esclarecimiento de la escandalosa historia del exarzobispo de Newark y Washington como no lo hizo ningún otro periodista. Aun así, Dreher no es un reportero de investigación. Tampoco es un escritor de ficción, sino un sobrio analista que durante mucho tiempo ha estado alerta y ha sido crítico con el estado de la Iglesia y el mundo, conservando, sin embargo, una visión del mundo ingenua, casi infantil.

Por eso Dreher no presenta una novela apocalíptica como la famosa *Señor del mundo*, la obra con la que el clérigo británico Robert Hugh Benson sacudió el mundo anglosajón en 1906. El libro de Dreher se parece más a una guía práctica para construir un arca, porque sabe que no hay dique que pueda contener la gran inundación, que a su juicio hace tiempo que comenzó a anegar el viejo Occidente cristiano, incluido Estados Unidos, naturalmente.

Esto trae inmediatamente a colación tres claras diferencias entre Dreher y Benson: como verdadero estadounidense, Dreher es, en primer lugar, más práctico que el autor británico y algo peculiar de Cambridge, y anterior a la Primera Guerra Mundial. En segundo lugar, como ciudadano de Luisiana, Dreher ha sido puesto a prueba por los huracanes. Y, en tercer lugar, Dreher no es en absoluto un clérigo, sino un laico que no cumple órdenes. Es alguien que expresa su propia voluntad y celo cuando da a conocer el Reino de Dios que Jesucristo nos ha anunciado. En este sentido, es un hombre del agrado del papa Francisco, quien, como casi nadie en Roma, sabe que la crisis de la Iglesia está, en lo esencial, en la crisis de su clero, y que ha llegado la hora del laicado soberano, especialmente en los nuevos e independientes medios de comunicación católicos; Rod Dreher es una buena muestra de ello.

La facilidad con la que presenta su caso probablemente tenga algo que ver con las nobles tradiciones narrativas del sur de Estados Unidos, de las cuales Mark Twain es un ejemplo de primera categoría. Y ya que he hablado de la última vez que me vi como un niño en la herrería antes de que el martillo de mi padre golpeara el yunque, debo admitir que la fluida lectura de este importante libro me ha llevado de regreso al mundo de aventuras de mi infancia, en la que soñé que emulaba a Tom Sawyer y su amigo Huckleberry Finn.

A Rod Dreher, sin embargo, no le preocupan los sueños, sino los hechos y los análisis, que condensa en frases como esta: «El hombre psicológico ha triunfado en todos los ámbitos y ahora domina nuestra cultura, incluida la mayoría de las iglesias, como los ostrogodos, los visigodos, los vándalos y otros pueblos conquistadores poseyeron los restos del Imperio romano en Occidente». O esta otra: «Nuestros científicos, nuestros jueces, nuestros príncipes, nuestros eruditos y escritores están trabajando para derribar la fe, la familia, los sexos, incluso la definición de lo que significa ser humano. Los bárbaros de nuestro tiempo han cambiado las pieles y lanzas de los animales del pasado por trajes de diseño y teléfonos inteligentes».

Comienza el capítulo tercero de su libro con estas palabras: «No se puede viajar atrás en el tiempo, pero se puede viajar a Nursia». Poco después prosigue —actualizando proféticamente un pedazo de la historia, aunque sin rastro de malicia— diciendo esto:

Cuenta una leyenda que, en una disputa con un cardenal, Napoleón señaló que estaba en su poder destruir la Iglesia. «Su majestad», respondió el cardenal, «nosotros, el clero, hemos hecho todo lo posible durante mil ochocientos años para destruir la Iglesia. No lo logramos. Tampoco usted lo conseguirá […] Cuatro años después de que los benedictinos fueran expulsados de su monasterio en Nursia, el imperio de Napoleón estaba en ruinas y el presuntuoso emperador estaba en el exilio. Hoy, sin embargo, los cantos gregorianos se pueden escuchar nuevamente en la ciudad natal de san Benito.

En la misma Nursia, sin embargo, el rugido de las profundidades se escuchó por última vez en el gran terremoto que sacudió la ciudad en agosto de 2016, que en pocos segundos convirtió en ruinas la basílica de san Benito, dejando solamente en pie la fachada principal. Aproximadamente al mismo tiempo, ingentes aguaceros inundaban también la ciudad natal de Rod Dreher en la parte superior del río Mississippi. Estas dos escenas clave dramáticas se encuentran ahora al principio y al final de su libro, como si formaran parte de un guion celestial, y como para ilustrar la tesis que Dreher formula en su primer capítulo:

La realidad de nuestra situación es ciertamente alarmante, pero no podemos permitirnos caer en una histeria fatal. Hay una bendición oculta en esta crisis, si es que somos capaces de abrir los ojos para percibirla [...] La tormenta que se avecina podría ser el medio por el cual Dios nos salvase.

El término terremoto se ha escuchado con frecuencia en el seno de la Iglesia estos últimos días, tras el colapso, y por eso digo que la Iglesia católica está ahora experimentando también su 11S.

Rod Dreher describe así la respuesta de los monjes de Nursia a la catástrofe que dejó en ruinas su abadía, en el lugar de nacimiento de san Benito:

Los monjes benedictinos de Nursia se han convertido en símbolos del mundo de una manera que no podría haber previsto cuando comencé a escribir este libro. El terremoto se produjo en medio de la noche, pero los monjes estaban despiertos para rezar los maitines. Salieron apresuradamente del monasterio y se pusieron a salvo en la plaza abierta del lugar. Al recordar el suceso, el padre Cassian hizo ver que el terremoto podía verse como un símbolo del colapso de la cultura cristiana en Occidente, pero que esa noche se produjo un segundo símbolo esperanzador. Este segundo símbolo fue la reunión de personas alrededor de la estatua de san Benito en la plaza, y cómo oraron todas juntas. Esa es la única forma de reconstruir lo quebrado.

De acuerdo con este testimonio del padre Cassian, puedo revelarles que también Benedicto XVI, desde su renuncia, se tiene a sí mismo por un viejo monje. Después del 28 de febrero de 2013, ha considerado su principal obligación orar por la Santa Madre Iglesia, por su sucesor el papa Francisco y por el ministerio petrino fundado por el propio Cristo.

Desde el monasterio Mater Ecclesiae, que está detrás de la Basílica de San Pedro, el anciano monje probablemente se referiría a un discurso que pronunció como papa el 12 de septiembre de 2008 en el Collège des Bernardins de París ante la élite intelectual de Francia. Mañana hará exactamente diez años de eso, y por eso me gustaría presentarles brevemente aquí de nuevo algunos extractos de este discurso:

> En medio de la gran agitación cultural resultante de las migraciones de los pueblos y las nuevas formas políticas que emergieron, los monasterios fueron los lugares donde sobrevivieron los tesoros de la cultura antigua y donde, al mismo tiempo, una nueva cultura fue tomando forma lentamente a partir de la antigua. Pero ¿cómo se llevó eso a cabo? ¿Qué movió a las personas a reunirse en estos lugares? ¿Qué querían ellos? ¿Cómo vivieron?
>
> En primer lugar, hay que decir con total naturalidad que no era su intención crear una cultura, o preservar la cultura pasada. Su impulso fue mucho más elemental. Su objetivo era: *quaerere Deum* (buscar a Dios). En la confusión de los tiempos en los que nada parecía sólido, pretendían hacer lo esencial: tratar de encontrar lo que siempre es válido y duradero, la vida misma. Buscaban a Dios. Querían pasar de lo insignificante a lo esencial, a lo único realmente importante y confiable. Buscaban lo definitivo que hay tras lo preliminar.
>
> *Quaerere Deum*; buscar a Dios y ser encontrado por él. Eso no es hoy menos necesario que en tiempos pasados. Una cultura puramente positivista que intentase recluir la cuestión de Dios al ámbito subjetivo, por ser acientífica, supondría la capitulación de la razón, la renuncia a sus más altas posibilidades y, por tanto, un desastre de consecuencias incalculables para la humanidad. Lo que fundó la cultura de Europa, la búsqueda de Dios y la voluntad de escucharlo, sigue siendo la base de la verdadera cultura en nuestros días.

Esto dijo el papa Benedicto XVI el 12 de septiembre de 2008 sobre la verdadera «opción» de san Benito de Nursia.

Tras esto, solo me queda una cosa por decir sobre el libro de Dreher: no contiene una respuesta completa a estos asuntos. El lector no encontrará aquí alguna fórmula patentada o alguna llave maestra que se adapte a todas las puertas que estuvieron abiertas para nosotros durante tanto tiempo, pero que ahora se han cerrado de golpe. En este libro, sin embargo, hay un ejemplo auténtico de lo que el papa Benedicto XVI dijo hace diez años sobre el espíritu benedictino. Es un verdadero *quaerere Deum*. Es esa búsqueda del verdadero Dios de Isaac y Jacob, que mostró su rostro humano en Jesús de Nazaret.

Por lo tanto, me viene a la mente una frase del capítulo 4:21 de *La Regla de san Benito*, que también y tácitamente impregna e inspira todo el libro de Dreher como un *cantus firmus*. Se trata del legendario *Nihil amori Christi praeponere*. Traducido: no anteponer nada al amor de Cristo. Es la clave a la que se debe todo el milagro de la vida monacal en Occidente.

Benito de Nursia fue un faro durante la gran migración, cuando salvó a la Iglesia de las convulsiones de su tiempo, restableciendo así, en cierto sentido, la civilización europea. Pero ahora, no solo en Europa, sino en todo el mundo, venimos experimentando otra migración de pueblos durante décadas, una migración que nunca llegará a su fin, como el papa Francisco ha reconocido claramente, un asunto del que nos habla a todos con urgencia. Por lo tanto, tampoco esta vez es todo tan diferente de lo que fue entonces.

Si la Iglesia no sabe renovarse esta vez con la ayuda de Dios, volverá a estar en juego el proyecto de nuestra civilización al completo. Para muchos, es como si la Iglesia de Jesucristo nunca pudiese recuperarse de la catástrofe de su pecado, y por eso ahora está casi en peligro de ser devorada. Y esta es exactamente la hora en que Rod Dreher, de Baton-Rouge, Luisiana, presenta su libro, cerca de las tumbas de los apóstoles y en medio de un eclipse divino que nos aterroriza en todo el mundo. Él se pone frente a nosotros para decirnos: «La Iglesia no está muerta, solo está adormilada».

Y no solo eso. La Iglesia «es joven», parece decirnos, y lo dice con tanta alegría y libertad como Benedicto XVI lo decía cuando asumió el cargo petrino el 24 de abril de 2005. Recordó entonces una vez más el sufrimiento y la muerte del papa san Juan Pablo, de quien había sido colaborador durante tantos años. Nos dijo a todos en la plaza de San Pedro:

Durante estos tristes días de la fase final de la enfermedad del papa y su muerte, hay algo que se nos ha hecho maravillosamente visible: la Iglesia está viva. Y la Iglesia es joven. Lleva el futuro del mundo dentro de sí misma y, por lo tanto, muestra a cada individuo el camino hacia el futuro. La Iglesia está viva. Lo vemos y sentimos en la alegría que el Resucitado ha prometido a los suyos. La Iglesia vive, vive porque Cristo vive, porque realmente ha resucitado. En el sufrimiento que vimos en el rostro del Santo Padre en aquellos días de Pascua, contemplamos el misterio de la Pasión de Cristo y pudimos tocar sus heridas. Pero en todos estos días también hemos podido tocar al Resucitado en un sentido profundo. Podemos sentir el gozo que prometió como fruto de su resurrección después de un breve período de oscuridad.

Esta verdad sobre el origen de su fundación por el Señor Resucitado y Victorioso no puede debilitar ni destruir el satánico 11S de la Iglesia católica mundial. Por lo tanto, debo admitir honestamente que percibo este tiempo de gran crisis, que ya no se le escapa a nadie, ante todo como un tiempo de gracia, porque al final no será ningún esfuerzo especial, sino solo la verdad la que nos hará libres, como el Señor nos aseguró (*Juan* 8, 31-32).

Con esta esperanza, miro los informes recientes de Rod Dreher sobre la «purificación de la memoria» que Juan Pablo II nos pidió que hiciésemos, y por eso he leído con gratitud su *Opción Benedictina*, que me ha supuesto una inspiración maravillosa en muchos sentidos. Casi nada me ha supuesto un consuelo mayor durante las últimas semanas.

17.
LA MADRE ANGÉLICA[1]

«CON NINGUNA NACIÓN OBRÓ [Dios] así», hemos escuchado anteriormente, en el interludio del salmo 147, que ensalza los milagros que Dios hizo a su pueblo de Israel. Con estas palabras, el papa Benedicto XIV también elogió la aparición de Nuestra Señora de Guadalupe el 25 de mayo de 1754 aquí, en Roma. Posteriormente, la frase se extendió como la pólvora por el Nuevo Mundo. Porque fue en la hora más oscura después de la conquista de México, a la que se refirió Benedicto XIV, en el año 1531, cuando la propia Virgen intervino en la historia con su imagen milagrosa e inició una conversión de muchos millones en América. En aquel tiempo, miles de mexicanos fueron arrasados por las enfermedades y epidemias que trajeron los conquistadores.

Aquellos fueron los años en que la Reforma dividió a la Iglesia Católica aquí, en Europa. Fue en esta época desastrosa

---

[1] Homilía predicada con motivo del tercer aniversario de la muerte de la fundadora de la EWTN, la Madre Angélica, en la iglesia del Cementerio Teutónico en el Vaticano, el 27 de marzo de 2019.

en la que tanto América como la Iglesia experimentaron este gran milagro gracias a la Virgen de Guadalupe, «Emperatriz de las Américas», a quien el papa Francisco ha venerado con tanto cariño. Lo mismo hizo la Madre Angélica antes de entrar en la casa del Señor hace hoy tres años. El 12 de diciembre de 1980, fiesta de Nuestra Señora de Guadalupe, la Madre Angélica fundó la Red Católica Mundial y la consagró solemnemente.

Sin embargo, no tengo que intentar explicar a nadie cómo hoy, por el contrario, podríamos imaginarnos una época de tan horribles conmociones. Tampoco es que pueda contar en esta celebración de la Eucaristía en honor a la Madre Angélica muchas historias sobre ella, ya que todos ustedes la conocen mucho mejor que yo.

En cambio, permítanme reflexionar brevemente sobre la Divina Providencia, que reconozco en el hecho de que, tres años después de la muerte de la Madre Angélica, hoy no celebramos su memoria en la Basílica de San Pedro, como hicimos en marzo pasado, sino en el lado sur de esta gigantesca basílica, en la iglesia mucho más pequeña de la Dolorosa Madre de Dios en el Cementerio Teutónico. Y es que esta iglesia está en el lugar en el que reposan los protomártires, los primeros mártires de Roma, entre los que también estaba el apóstol Pedro, quien, según la tradición, fue crucificado aquí cabeza abajo. Esto me recuerda lo siguiente: ninguno de nosotros recibió la fe directamente de Dios Padre; todos hemos llegado a creer a través de la mediación. Todos hemos experimentado nuestra fe a través de testigos en quienes confiamos y creemos. En la mayoría de los casos, todo comenzó con nuestros padres y luego tal vez a través de nuestro primer pastor, o de un modelo a seguir, y casi siempre personalmente, de corazón a corazón.

La Madre Iglesia nos ha dado la fe a través de sus pastores, santos y maestros, y a través de los evangelistas y los apóstoles. Ninguno de nosotros estuvo presente en la resurrección de Cristo de entre los muertos, ni siquiera en la institución de la Eucaristía por parte del Hijo de Dios. Todo aquello en lo que creemos lo creemos a través de estos testigos. Por eso la Iglesia católica es una Iglesia apostólica, una Iglesia de los testigos.

Del término griego para testigo, *martus* (μάρτυς), deriva nuestra palabra «mártir». Aquí, en lo que ahora llamamos Cementerio Teutónico, murieron los primeros cristianos de Roma en la sexta década del primer siglo de nuestra era, como testigos de la verdad.

Otro significado no tan dramático del concepto de testigo es el de «mediador». Y eso me lleva a ustedes, queridos hermanos y hermanas: es decir, a la gente de los medios, y a la Madre Angélica, fundadora de la Red Católica Mundial, quien reconoció con genio visionario cuál era su rol en la nueva era de la información. Una era en la que ahora también ha entrado la Iglesia católica, le guste o no. Por eso están todos llamados a testificar de una manera completamente nueva y especial.

Ustedes en particular han constatado recientemente que este papel puede ser en ocasiones dramático, cuando el barco de la Iglesia de Cristo está casi en peligro de ser sepultado por un tsunami de noticias terroríficas. Pero es precisamente en medio de esta necesidad, que no se debe a las noticias, sino a los crímenes y pecados capitales cometidos en el seno de la Iglesia, cuando ustedes, como medios católicos, tienen el desafío de ser mejores y comportarse con más profesionalidad que todos sus colegas de los medios seculares.

Por eso no es de extrañar que al final de la cumbre de la crisis de febrero, su colega Valentina Alazraki recibiese un aplauso prolongado cuando, «como periodista y como madre», impresionó a los obispos y superiores religiosos de todo el mundo con este mensaje: «Quien no informa, alimenta un clima de sospecha y de desconfianza, y provoca enojo y odio a la institución (la Iglesia)». Su valiente colega no trabaja para la EWTN, sino para la emisora mexicana de Noticias Televisa. Pero el 22 de febrero en Roma fue como si la Madre Angélica hubiese vuelto a hablar al papa y a todo el pueblo de Dios con su legendaria audacia.

Con todo, la misión de la Madre Angélica ha ido más allá de una mera participación en el debate público. Como saben, el papa Francisco les dijo hace tres años, inmediatamente después de su muerte, que él personalmente la ve ya en el cielo. Esa declaración no conlleva de suyo una canonización. Sin embargo, el Santo Padre indicó y señaló que para cada necesidad de la Iglesia Dios llama repetidamente a personas que nos brindan un apoyo especial al enfrentarnos a determinados peligros.

En la gran confusión causada por el presbítero Arrio en la Iglesia primitiva, Dios despertó a Atanasio el Grande; en el caos de la gran migración, surgió san Columbano; después de la Revolución francesa, se alzó el santo Cura de Ars; y así sucesivamente. Solo así puede entenderse lo que realmente puso en marcha a la Madre Angélica de la Orden de las Clarisas de la Adoración Eterna cuando empezó a montar la emisora espiritual EWTN en un garaje de su monasterio en Alabama, sin medios y contra toda pronóstico. Haciendo eso plantaba en la Iglesia católica en Estados Unidos un poder mediático independiente de los obispos, a modo de «cuarto poder», un lugar en el que los periodistas católicos han expuesto sin miedo todos los casos de abuso y también han señalado los peligrosos caminos tomados por muchos pastores que hoy parecen haberse descarriado, como ha ocurrido en todas las épocas de la historia. La Madre Angélica era una monja célibe, pero al fundar EWTN, también hizo una contribución crucial para llamar a los laicos para que ayudasen a dirigir el barco de la Iglesia.

Este desafío, sin embargo, de informar sin temor y de manera justa sobre los crímenes y aberraciones dentro de la Iglesia mundial, parece ahora casi insignificante en comparación con una tarea que la Madre Angélica difícilmente pudo haber previsto cuando fundó su emisora. Porque ahora también tenemos que abrir los ojos y contemplar cómo los criminales que hay entre nosotros, hasta el rango de cardenal, han violado a la misma Madre Iglesia; un víctima desprotegida, que pocas veces se menciona, y de la que nadie se compadece. La culpa y los pecados siempre son personales, pero con este grupo de víctimas la pesadilla del abuso también adopta una nota satánica.

Permítanme ser muy personal aquí: soy un sacerdote en cuerpo y alma, a pesar de todas las renuncias necesarias, y amo mi profesión y mi vocación. Sin embargo, experimento cómo los sacerdotes y el sacerdocio han sido objeto de sospecha generalizada por culpa de los aventurados pecadores mortales que hay entre nosotros. ¿Quién quiere todavía recibir de mí y de mis hermanos la fe en la salvación que Dios nos ha dado a través de su Hijo? En algunas partes del mundo está creciendo un ambiente como de pogromo encubierto, en el que la honesta declaración de lealtad a nuestra Iglesia de los santos y pecadores y criminales exige cada vez más coraje. ¿No ha perdido la Iglesia todo su crédito? ¿No están los católicos huyendo de ella en masa? La Iglesia tal y como la conocemos, como mediadora de la fe, es decir, en una de sus más nobles tareas, parece debilitada y tocada como pocas veces lo ha estado. La confianza en ella ha sido herida de muerte.

Así que ustedes se enfrentan a una tarea que la Madre Angélica difícilmente podría haber previsto. Con la fundación de la EWTN, expandió el ministerio apostólico de la predicación a los laicos, como nunca. En la crisis del clero, todos los sacerdotes de la tierra la necesitan más que nunca en nuestra Iglesia de los Testigos. Esto significa que, como periodistas católicos, ya no solo son responsables de las noticias más duras, y de informar tanto de lo despiadado como de lo que es justo, sino también y más que nunca del corazón de todas las buenas noticias, el Evangelio.

Eso significa que hoy ustedes están llamados a emular a la Madre Angélica y difundir el mensaje más importante de todos los tiempos de una manera completamente nueva y con los medios más modernos, en libertad y junto al Magisterio de la Iglesia: el mensaje de la Encarnación de Dios como la mayor noticia que el mundo haya escuchado y visto jamás. La llamada es ahora para ustedes, para que continúen la obra de la

Madre Angélica, como se hizo durante muchos siglos a los arquitectos, los artistas y los gremios de albañiles, a quienes les debemos las grandes catedrales en los centros de nuestras ciudades y las maravillosas imágenes de sus vidrieras. Porque las cosas que dan forma a nuestra conciencia y dejan su huella en la sociedad actual ya no son las grandes catedrales o las iglesias, sino las imágenes del mundo de los medios de comunicación, a través de los innumerables teléfonos inteligentes que tenemos en nuestras manos.

Hay una cosa más. Actualmente vivimos un revuelo revolucionario en el lenguaje que es probable que la Madre Angélica previera proféticamente. Por eso no fundó una nueva revista, como hizo san Maximiliano Kolbe en sus días. Fundó en cambio una cadena de televisión, para poder transmitir la fe de la Iglesia en el nuevo lenguaje de las imágenes en movimiento, hoy y mañana, después de la era de Gutenberg en la que predominó la palabra impresa.

Ha habido un santo patrón de los periodistas durante mucho tiempo: san Francisco de Sales. Con la Madre Angélica, sin embargo, la Iglesia una, santa, católica y apostólica cuenta ahora también con una profetisa y un apostolado para el futuro digital. De ella podemos aprender de nuevo que, llenos de confianza, todavía podemos esperar un milagro, precisamente y sobre todo en las horas más oscuras de la historia, como entonces en México, cuando como Madre de la Santa Madre Iglesia, la Señora de Guadalupe de América consoló y fortaleció a san Juan Diego en una época desoladora con las siguientes palabras: «¡Escucha y tómatelo en serio, tú, el más pequeño de mis hijos! ¡No hay nada que pueda asustarte! Nada debería entristecerte o llevarte a la desesperación. ¡Tu rostro no debe turbarse y tu corazón tampoco! ¿No estoy yo, tu madre, aquí contigo? ¿Qué es lo que todavía te falta? ¡Ya nada debería asustarte y confundirte!». Amén.

18.
«¡SOY UN FARO!»[1]

UN BUQUE DE GUERRA MANIOBRA en alta mar. Es noche cerrada. El oficial de guardia informa al capitán en el puente de mando de una posible colisión con otro barco cuya luz brilla desde el océano. El capitán ordena que se transmita este mensaje por radio: «Estamos en riesgo de colisión, cambie su rumbo en veinte grados». Reciben esta respuesta: «Les aconsejo que cambien de rumbo en veinte grados». El capitán hace enviar este otro mensaje, breve y tajante: «Soy un buque de guerra. Habla el capitán. ¿Quién es usted?». Respuesta: «Soy un marinero de segunda clase». El capitán añade, de nuevo breve y bruscamente: «Entonces, por favor, siga mis instrucciones». Respuesta del marinero de segunda clase: «Le recomiendo encarecidamente que cambie de rumbo. Soy un faro».

---

[1] Homilía predicada en una ordenación sacerdotal en la abadía de Heiligenkreuz, monasterio cisterciense en el Bosque de Viena, el 27 de abril de 2019.

Esta anécdota, ciertamente aguda, puede servir de memorable parábola sobre la magnitud y la belleza del ministerio sacerdotal. Porque un cura también tiene que acompañar a algunos en su rumbo e indicarles en otros casos que lo cambien, como el marinero del faro. Los sacerdotes intervienen en el curso de la vida de las personas, lo controlan, lo mantienen y si es necesario lo cambian.

Sí, queridos candidatos al sacerdocio, vuestra posición como sacerdotes es como la de un marinero de segunda clase en el faro. Todo tipo de barcos navegan a vuestro alrededor: vapores de lujo en los que apetece divertirse y olvidarse de Dios. Aparecerán acorazados, cañoneras y destructores listos para hundir a otros barcos. Y finalmente, también hallaréis submarinos cargados de católicos que solo aparecen en bautismos y funerales, permaneciendo el resto del tiempo invisibles. Estaréis allí sentados, en el faro, como marineros de segunda clase. No tendréis la potencia de fuego concentrada de los torpederos mediáticos, que consiguen que todo el mundo hable de ellos, y no tendréis buques de guerra que os protejan.

No, vuestra fuerza no va a consistir en medios externos de poder. ¡Gracias a Dios! Porque así ni siquiera tendréis la tentación de usarlos. No tendréis que dirigir el curso de las naves salvavidas, porque contáis con cañones más poderosos a bordo. No deberéis empujar a la gente, porque eso sería forzarla al buen camino con instrumentos de poder externos. Dirigid el rumbo de los barcos haciendo como el marinero de la historia, proclamando simplemente la verdad que se encarnó en Jesucristo.

El sacerdote no es fuerte por sí mismo. Solo sois fuertes en la medida en que dais testimonio de la verdad. Tenéis que hacer lo que hace el hombre del faro: señalar a los barcos dónde está el mar y dónde la tierra. Y se aconseja a todos para que sigan esas indicaciones. En última instancia, sucede lo mismo con los seres humanos: no van a cambiar su rumbo simplemente porque se lo digáis vosotros, por vuestra atractiva personalidad, y además tampoco deberían hacerlo. Las personas que os han sido confiadas cambiarán de rumbo porque a través de vosotros entraron en contacto con la verdad del Evangelio revelado por Dios y confiado a su Iglesia. La Iglesia no puede ni debe proclamar nada más que esto, sea o no conveniente.

En el futuro, a menudo os sentiréis como el marinero de segunda clase en el faro. Y tendréis que escuchar todo tipo de órdenes de los capitanes, sean reales o autoproclamados. La respuesta que tenéis que dar es siempre la simple respuesta del marinero: podéis y debéis proclamar la belleza y la verdad de la fe. ¡Nada, absolutamente nada más! Guardaos vuestras brillantes sugerencias, por muy útiles que puedan ser; decid la verdad acerca de Dios y la salvación eterna, y así mostraréis a las personas el camino correcto. Eso significa que el poder de vuestra predicación no proviene de vuestras buenas ideas, sino de lo que Dios en su Hijo Jesucristo nos dio y nos enseñó. Sois heraldos de la Palabra, servidores de la alegría, dispensadores de los secretos divinos y de los sacramentos; balizas en el difícil camino de la vida, erizado de dificultades e infortunios.

Como el hombre del faro, debéis señalar dónde están los acantilados, dónde los peligros. Cuando proclamáis la Palabra de Dios, no estáis proclamando teorías o ideas preciadas que vosotros mismos habéis hilado, sino la Palabra de salvación. Cuando administráis los sacramentos, el poder, el efecto, proviene de los propios sacramentos. No es obra vuestra este poder, de igual modo que el marinero no hizo la roca sobre la que se encuentra su faro. Os consagráis a esta labor a través de su servicio diario. Pero el poder viene de los sacramentos.

Para todos nosotros, esto significa que no debemos ver en el sacerdote primeramente una personalidad extraordinaria, pues puede que no sea el caso. Sin duda, debemos apreciar las buenas cualidades que tiene un sacerdote. Pero debemos tener cuidado de no apreciar solo a la persona que hay en el sacerdote. Claro que es una persona, pero es más que eso, algo mejor: hay que reconocer que el sacerdote nos trae algo que no puede derivarse de las posibilidades de este mundo.

Si vosotros, queridos candidatos a la ordenación, conocéis estas verdades, entonces daréis forma a vuestro futuro ministerio. Si estáis convencidos de que, al proclamar la Palabra Viva, Jesucristo, podréis guiar el curso de las personas sin atribuiros los méritos. Podréis entonces relativizaros de un modo saludable, y situaros detrás de vuestra tarea. No apareceréis en los titulares, como tampoco el marinero del faro, que solo aparecería en los titulares si abandonase su puesto para hacer otras cosas. Cuando los fareros abandonan el faro ocurre un desastre, y vienen entonces los titulares. Cuando los sacerdotes y obispos ya no tienen el coraje de predicar el Evangelio de manera poderosa, sin servirse de atajos, cuando solamente comparten su propia sabiduría, entonces llega el desastre y después los titulares. ¿No hemos tenido suficientes titulares en los últimos tiempos?

Quien pretenda inventar una nueva Iglesia, quien quiera modificar su ADN, está en el camino equivocado, y abusa de su autoridad espiritual. Subir a vuestro faro todos los días, sabiendo que esa es vuestra santa tarea, vuestro santo servicio, sin llamar la atención sobre vosotros mismos, sino dirigiéndola hacia Jesucristo, es tarea que exige tanto humildad como valor por vuestra parte.

La certeza de estar erigidos sobre una roca y de poder predicar la Palabra de Dios os da una fuerza tremenda y un sentido de misión fuerte y saludable. Esto no tiene nada de malo, no hay por qué sospechar de ello. Tenéis algo que decir y, por tanto, podéis tener un sano sentido de misión, la conciencia de haber sido enviados. Dicho de una manera provocativa: podéis hablar con la boca más grande que si solo estuvieseis hablando en vuestro propio nombre. Podéis, debéis proclamar las buenas nuevas con las que vosotros mismos lucharéis mientras viváis. Porque no habéis inventado ese ideal vosotros mismos. Sabed que tenéis una dignidad que os distingue de cualquier persona que no sea sacerdote. Es una dignidad que vosotros mismos no os habéis atribuido. Se os permite ser conscientes de que estáis haciendo algo grande, algo que perdurará por siempre. Deseo que reunáis el valor para aceptar este desafío de todo corazón. Y os deseo la humildad de saber que solo sois los portadores de las buenas nuevas y que no sois vosotros mismos las buenas nuevas. Os deseo valor y humildad al mismo tiempo, para decir y hacer lo que se debe decir y hacer en el nombre de Jesucristo.

El valor y la humildad no surgen de confiar en las propias habilidades y talentos, sino de la fidelidad a la palabra dada y de la creencia de que uno tiene algo para dar que trasciende todo lo humano, algo que es divino.

El sacerdote no es simplemente un funcionario del tipo que la sociedad necesita para cumplir determinadas funciones. Más bien, hace algo que ningún ser humano puede hacer por sí mismo: pronuncia la palabra del perdón de nuestros pecados en el nombre de Cristo y cambia así la condición de nuestra vida de parte de Dios. Pronuncia sobre los dones del pan y el vino las palabras de la consagración que hacen que el mismo Señor Resucitado se haga allí presente en carne y hueso. El sacerdote abre así a las personas a Dios, y las moldea cada vez más a su imagen y semejanza. El sacerdocio no es simplemente un «oficio», sino un sacramento: Dios se sirve de un miserable ser humano para estar presente y actuar en favor de la gente, y lo hace a través de la persona del sacerdote. Esta audacia de Dios, que confía en las personas, que cree que los seres humanos son capaces de actuar y estar presentes en su lugar, aunque Él sepa de nuestras debilidades, esta audacia es la verdadera grandeza que se esconde en el sacerdocio.

Si vivís y trabajáis conscientes de esto, entonces no os desanimaréis ni os envaneceréis, sino que estaréis agradecidos, desde lo más hondo de vuestro corazón. En lo más profundo de vuestra alma podéis experimentar que sois sostenidos y guiados en todo lo que hacéis por quien os ha llamado a su servicio: Jesucristo, el Hijo resucitado del Dios vivo. Amén.

19.

EN LA ENCRUCIJADA[1]

ESTE LUGAR Y ESTA HORA INVITAN de manera especial no a seguir buscando nuevos temas, sino a reflexionar, en un diálogo paciente y encontrando perspectivas nuevas, sobre lo que mantiene unida a nuestra comunidad en su ser más íntimo. Cuando el arzobispo Stephan Burger, el ordinario de mi ciudad natal, me arrinconó hace aproximadamente medio año para que aceptase esta invitación para hablarles, se me presentó casi espontáneamente un esbozo aproximado de lo que ahora me gustaría contarles.

Creo, además, tras atender a las contribuciones de los oradores que me han precedido, que los pensamientos que traigo son apropiados a la ocasión. Comenzando con las profundas declaraciones del cardenal Lehmann «sobre la relación mutuamente pacífica entre el Estado y la Iglesia en nuestros días»

---

[1] Conferencia pronunciada durante el ciclo «Iglesia y derecho», en el vestíbulo del Tribunal Constitucional de Alemania en Karlsruhe, el 4 de junio de 2019.

con las que abrió este ciclo «Iglesia y derecho» en el vestíbulo de Karlsruhe el 19 de junio de 2007, hasta la conferencia del año pasado del profesor Peter Dabrock, presidente del Consejo Alemán de Ética, sobre el tema «La dignidad humana se puede descomponer en gránulos. ¿Tenemos que repensar los cimientos de nuestra comunidad?».

Como sacerdote alemán y católico que trabaja en la Curia romana, no puedo ignorar el concepto de dignidad humana. Porque en este concepto, compuesto por dos palabras, religión y ley se dan el beso de la paz, por así decirlo. ¿Y cómo podría ignorar este concepto tan maravilloso de nuestra Ley Fundamental de la República Federal de Alemania en el año en que esta celebra su setenta Aniversario?

No me sorprendió que se dijera aquí el año pasado: «La dignidad del hombre se puede descomponer en gránulos», cuando el profesor Dabrock intensificó su brillante análisis con la expresión antes mencionada del sociólogo Christoph Kucklick a propósito de este asunto. Tomado literalmente, vendría a significar que la dignidad humana no solo es tangible, sino también que puede deshacerse entre nuestros dedos como se deshace un pedazo de tierra seca. ¿Por qué la idea no me sorprende? Bueno, sabemos por la historia que el cuerpo humano puede ser pulverizado, como experimentó el mundo hace ochenta años en los campos de exterminio nazis y los gulags soviéticos y en los campos de batalla, culminando en los destellos nucleares de Hiroshima y Nagasaki. Al fin y al cabo, todos aprendemos que el cuerpo humano finalmente se convertirá en polvo, incluso después de la vida más hermosa, pacífica y feliz que pueda imaginarse. Lo experimentamos en nuestros familiares, amigos y en nosotros mismos: «Pues eres polvo y al polvo volverás» (*Génesis* 3, 19). Este es el recordatorio anual del Miércoles de Ceniza, cuando la liturgia de la Iglesia nos recuerda nuestro fin terrenal. Este recordatorio nos invita a hacer una pausa y a que reflexionemos.

El hombre se desintegra. Se convierte en tierra o cenizas. Su cuerpo se puede pulverizar. ¿Ocurre entonces lo mismo con

188

su dignidad? ¿Qué es la dignidad humana? Nuestra Ley Fundamental parece comenzar con un deseo piadoso, una frase que solo es comprensible desde cierta estética, y estrictamente hablando, con una afirmación falsa: «La dignidad humana es inviolable». ¿Qué significa esta frase? ¿Qué se sigue de esto? ¿Y qué pasa si la dignidad es violada? ¿Qué hace un abogado en estas circunstancias?

No pretendo darles una conferencia sobre filosofía o historia jurídica, y estoy seguro de que no se enfadarán si voy directo al meollo del asunto.

Soy sacerdote, obispo de la Iglesia católica. Tenemos el *ius divinum* y el *ius mere ecclesiasticum*, ley divina y puramente eclesiástica, razón por la cual mi Supremo Legislador me mandaría derecho al infierno, por así decirlo, si les presentase algo diferente a lo que recoge la ley natural y la revelación. Los juristas, jueces, abogados y funcionarios asistentes representan al Estado de la República Federal de Alemania. Puede que quien les contrata no los enviase al infierno si en este diálogo me dijesen algo diferente a lo que marca la política oficial y la doctrina estatal de la República, aunque seguramente la opinión pública sí lo haría. Pero puesto que todo esto queda entre nosotros, empecemos por ver si podemos ponernos de acuerdo en cuanto al concepto de dignidad humana, y cómo hacerlo.

La respuesta católica a la cuestión de la dignidad humana es esta: uno no tiene dignidad humana como tiene una pierna o un cerebro. El hombre no adquiere su dignidad, y por lo tanto no puede perderla. Se da a cada persona incluso antes de que comience su concepción, y forma parte de la voluntad de Dios crear personas a su imagen y semejanza. Así pues, esta dignidad les viene dada y es propia de todas las personas, sin importar de dónde vengan, qué idioma hablen, qué color de piel tengan, si no les interesa la política o son en cambio radicales, respeten la ley o la violen. Aunque todos seamos conscientes de ello, reiterémoslo una vez más: se da el mismo caso en quienes no son cristianos. Todas las personas están hechas a imagen y semejanza de Dios.

Así pues, la dignidad humana no depende de lo que uno hace, de lo que uno piensa o dice, sino de lo que uno *es*. Entonces, ¿qué es el ser humano? ¿Qué significa que sea la imagen de Dios?

Encontré una respuesta particularmente hermosa a esto hace años en Chartres, donde escultores desconocidos escenificaron el relato bíblico del Génesis sobre la creación del mundo con un semicírculo de esculturas sobre el portal norte de la catedral del siglo XIII. En esas esculturas podemos leer, por así decirlo, cómo Dios, en el quinto día de la creación, en el momento en que acaba de crear las aves y mientras las observa amorosamente mientras se alejan y vuelan libremente hacia el cielo, se le ocurre por primera vez esta idea: «Hagamos al hombre a nuestra imagen y semejanza» (*Génesis* 1, 26). Al ver la libertad de las aves, de todas las cosas, a Dios se le ocurre la idea de crear al hombre como la gloriosa corona de la creación, como un ser libre, incluso respecto al Creador mismo. Aquí, Dios se asemeja a su creación: en el momento de este golpe de genio, en su pensamiento inicial e imagen mental del hombre, el joven Adán —como una idea, si bien encarnada—, mira por encima del hombro derecho de Jesús, asemejándose a él como si fuera un hermano gemelo, con sus mismas facciones, pero sin barba.

La ubicación de esta representación en la catedral de Nuestra Señora de Chartres también muestra que esta imagen del hombre es un bien especial que no proviene simplemente de la naturaleza como si creciese en los árboles. Y lo mismo ocurre con la dignidad humana. Es un bien cultural. Viene de nuestra cultura de una manera genuina; no viene de China o Japón, ni de la India, ni siquiera de la «casa del islam». Viene únicamente de nuestra historia, y especialmente de la autorrevelación de Dios, tal como nos llegó en los escritos sagrados del judaísmo y el cristianismo.

Por tanto, no es de extrañar que, en los últimos años, especialmente en Alemania, haya prevalecido la comprensión

—en las declaraciones de pensadores tan sobrios como Jürgen Habermas y Ludger Honnefelder— de que, especialmente en el contexto de la tradición judeocristiana, el hecho de que el hombre esté hecho a imagen y semejanza de Dios se ha convertido en la matriz del concepto de dignidad humana. Aquí, en Alemania, esta bella expresión no solo adquirió estatus constitucional, sino que, desde el 8 de mayo de 1949, también asumió un lugar central en la nueva Ley Fundamental de la República Federal de Alemania, que establece lacónicamente en la primera frase del primer artículo: «La dignidad humana es inviolable».

Esta frase se ha convertido en el alma de nuestra Ley Fundamental; gracias a Dios, la élite legislativa de la nueva república federal encontró su camino de regreso solo cuatro años después del final de la Segunda Guerra Mundial, tras la inaudita catástrofe de Alemania bajo el régimen nacionalsocialista. No fue casual. Porque lo que Europa experimentó y sufrió bajo los nazis en Alemania fue también la apertura de un abismo sin precedentes frente a la civilización y la justicia civil a través de una legislación arbitraria. Con este paso y esta frase, hace setenta años, nuestro país volvió a la civilización de Europa y a su herencia judeocristiana. Fue un golpe de suerte, casi un milagro. Y fue un regreso a casa.

Y aquí llegamos al punto aportado por el abogado y juez constitucional Ernst Wolfgang Böckenförde en su famoso y muy citado discurso de 1964: «El Estado liberal y secularizado vive en condiciones que no puede garantizar por sí mismo. Ese es el gran riesgo que asumió por el bien de la libertad».

Si el Estado no puede garantizar estas condiciones esenciales, tendrán que ser otros quienes las garanticen y protejan lo mejor posible, o al menos quienes las recuerden constantemente. En este país, sin embargo, eso no puede recaer en los parlamentos ni en otras cámaras del pueblo soberano. Este es principalmente un asunto de las iglesias y las sinagogas, también y especialmente en un mundo radicalmente plural. El papa Benedicto XVI hizo lo mismo el 22 de septiembre de 2011, cuando declaró lo siguiente ante el parlamento alemán en el Reichstag de Berlín:

> La convicción de que existe un Dios creador es la que alumbró la idea de los derechos humanos, la idea de la igualdad de todas las personas ante la ley, el reconocimiento de la inviolabilidad de la dignidad humana en todos los individuos y la conciencia de la responsabilidad de las personas por sus actos. Estos principios de la razón dan forma a nuestra memoria cultural. Ignorarlo o considerarlo sencillamente algo del pasado desmembraría nuestra cultura como un todo y le robaría su integridad.

Vuelvo a la pregunta original: ¿Se puede pulverizar la dignidad humana como se pulveriza el cuerpo humano? La respuesta es clara y sencilla: no. El ser humano como imagen de Dios no es una acumulación de materia causada de acuerdo con un patrón determinado o un grupo de células agrupadas que funcione durante una vida determinada y luego sencillamente se extinga. Como imagen de Dios, el hombre está llamado con su alma a buscar y reconocer su arquetipo, el Dios verdadero y eterno, más allá de su muerte, incluso si su cuerpo ya se ha desintegrado y ya no existe. Su dignidad radica en esta libertad para buscar a Dios y conocer a Dios, sin importar dónde y cómo se encuentre el individuo, qué limitaciones materiales lo opriman o qué dolencias físicas lo obstaculicen y angustien. Su alma es creada libre, y libre seguirá por toda la eternidad.

Espero que estén ampliamente de acuerdo conmigo en esto y que ni ustedes ni yo tengamos problemas con nuestros respectivos empleadores debido a este acuerdo.

Porque si pudieron estar de acuerdo conmigo en mis reflexiones sobre la dignidad humana hasta este punto, ese acuerdo muestra lo cercanas que debieron ser la enseñanza moral católica y las convicciones del legislador constitucional. Por supuesto, nunca coincidieron del todo. Pero es un hecho que nuestra Ley Fundamental está abierta desde su origen a la ley natural que el

Creador ha impreso en su criatura y su creación. El concepto de dignidad humana lo muestra claramente. ¿Sigue siendo así hoy en día en general, en la vida cotidiana de la República Federal? ¿Esto que he ilustrado refleja nuestros usos diarios?

Por supuesto, no se puede pasar por alto que ustedes, señoras y señores de este elegante foro del Tribunal Constitucional, merced a la jurisprudencia que imparten, son algo así como pilotos de la ley para toda Alemania, una nación que ha experimentado una evolución notable en los últimos años. Por ejemplo, han abierto el camino para que las parejas del mismo sexo entre hombres o mujeres llamen «matrimonio» a su unión, y los jueces del Tribunal Federal Laboral han recurrido en su jurisdicción a la legislación laboral de la Iglesia.

¿Me equivoco al afirmar que la jurisprudencia en Alemania es casi siempre y en todas partes aplaudida cuando toma decisiones que minimizan, eliminan o rechazan cualquier consideración sobre los valores y la moral cristianos? Y no crean que no lo entiendo.

Entre los intereses materiales inmediatos de una enfermera que se ha divorciado y se ha vuelto a casar según la ley civil puede estar que pueda seguir ejerciendo su profesión. Para dos hombres o dos mujeres que se aman físicamente, puede ser un gran alivio cuando la sociedad crea condiciones más cómodas para que vivan juntos. El júbilo que despiertan la legislación y la jurisprudencia que introducen tales cambios es casi inevitable, como inevitables parecen ser las invectivas contra la Iglesia, que solo no se suma a ese júbilo, sino que incluso se opone a él.

¿Acaso la Iglesia y el Estado en Alemania ya no hablan del mismo término cuando se refieren a la dignidad humana? ¿Están la Iglesia y el Estado ahora en lados distintos, separados por una profunda brecha? En el mejor de los casos, tenemos el mismo punto de vista, pero miramos en direcciones opuestas. La Iglesia quiere y no solo debe satisfacer las necesidades materiales del mundo. No es solo Cáritas, aunque esa y muchas otras excelentes instituciones católicas en el ámbito social y de la salud den, por supuesto, testimonio de la Iglesia. La Iglesia en sí misma, en su conjunto, es responsable de bastante más, en primer y último lugar, de las almas y de su paz consigo mismas y con Dios. Las preocupaciones materiales, por otro lado, son relativas y cambian constantemente. En su tiempo libre, en su retiro, la enfermera que acabo de mencionar ya no es enfermera, sino persona. Las parejas homosexuales serán algún día —se casen o no— mayores y se enfrentarán al último paso de sus vidas, y entonces la orientación sexual dejará de ser importante. Ser enfermera o ser homosexual es algo accidental, no esencial al ser humano. Todos los homosexuales, divorciados, ateos, etcétera, estarán ante Dios y ante Su juicio. En el Juicio Final, importará su humanidad, no accidentes como la orientación sexual, la duración de una pareja, la cosmovisión, etcétera. La legislación y la jurisprudencia en Alemania, a las que acabo de referirme—si se me permite decir esto sin tapujos ante esta audiencia— solo se refieren a estos accidentes, los cuales, por descontado necesitan ser regulados en aras del bien común.

Permítanme que siga siendo claro: en su camino a través de la historia, setenta años después de su fundación, la República Federal de Alemania está en proceso de despedirse del fundamento de su cosmovisión humanista cristiana original y de la ley natural. En esta bifurcación en el camino, la Iglesia y el Estado toman ahora caminos separados. Estamos ante una encrucijada. La Iglesia católica lo ha entendido. Es obvio que no puede evitar adherirse a la ley natural y su visión cristiana de la humanidad. Ni debemos ni podemos correr un tupido velo a propósito de estas diferencias. Tal vez me corresponda ahora poner el dedo en esta llaga y presentar una concepción alternativa, basada en el derecho natural, de la jurisprudencia y la creación del derecho desde el lado católico. Quiero apelar una vez más al entendimiento y abrir sus ojos, sus oídos, sus corazones y sus mentes a las posiciones católicas clásicas, en las que no obstante descansan esencialmente los fundamentos de la actual y en buena medida exitosa República Federal, que, tras los apocalípticos años del Tercer Reich y las guerras instigadas por Hitler y su campaña de aniquilación contra el pueblo judío, experimentó una paz legal sin precedentes en la historia de Europa.

A nadie se le puede escapar esta reconciliación. ¿Quién podría haber adivinado este milagro hace ochenta o setenta años? Por tanto, permítanme dirigirme a ustedes a continuación, no tanto como un canonista, sino sobre todo como un sacerdote católico que también tuvo la inmerecida suerte de poder estar junto al papa Benedicto en el altar todos los días durante los últimos años. Así pues, me gustaría pedirles ahora que me permitan recordar un pasaje más largo de su histórico discurso en el Bundestag alemán en septiembre de 2011:

Para la mayoría de las materias que necesitan ser reguladas por ley, el apoyo de la mayoría puede servir como criterio suficiente. Pero es obvio que el principio de la mayoría no es suficiente en las cuestiones básicas del derecho, en las que está en juego la dignidad del ser humano y la humanidad: todos los que ocupan puestos de responsabilidad deben buscar personalmente, en estos casos, los criterios que deben seguirse al formular leyes.

Con base en esta convicción, los combatientes de la resistencia actuaron contra el régimen nazi y contra otros regímenes totalitarios, prestando así un servicio a la ley y a la humanidad en su conjunto. Para estas personas era indiscutiblemente evidente que la ley estaba equivocada. Sin embargo, cuando se trata de las decisiones de un político democrático, la cuestión de qué corresponde ahora a la ley de la verdad, qué es realmente correcto y puede promulgarse como ley, es menos obvia. En términos de las cuestiones antropológicas subyacentes, lo que es correcto y puede recibir la fuerza de la ley no es hoy de ninguna manera evidente sin más. La pregunta en cuanto a cómo se puede reconocer lo que es verdaderamente correcto y así hacer justicia en la legislación nunca ha sido fácil de responder, y se ha vuelto aún más difícil hoy en día gracias a la abundancia de nuestro conocimiento y el incremento de nuestras capacidades.

¿Cómo sabe uno qué es lo correcto? En la historia, los sistemas legales casi siempre se han basado en la religión: se decide qué es lo correcto entre las personas tomando por referencia lo divino. A diferencia de otras religiones importantes, el cristianismo nunca ha propuesto una ley revelada al Estado y a la sociedad, es decir, un orden jurídico derivado de la revelación. En cambio, se ha referido a la naturaleza y la razón como las verdaderas fuentes de la ley, a la armonía de la razón objetiva y subjetiva, que por supuesto presupone que ambas esferas se basan en la razón creadora de Dios.

Para el desarrollo del derecho y el de la humanidad, fue crucial que los teólogos cristianos se alinearan contra la ley religiosa asociada con el politeísmo y se pusiesen del lado de la filosofía, y que reconocieran que la razón y la naturaleza son fuentes universalmente válidas del derecho. Pablo ya había tomado esta decisión en su carta a los romanos cuando dijo: «En efecto, cuando los gentiles, que no tienen ley, cumplen naturalmente las exigencias de la ley, ellos, aun sin tener ley, son para sí mismos ley. Esos tales muestran que tienen escrita en sus corazones la exigencia de la ley; contando con el testimonio de la conciencia» (*Romanos* 2, 14-15). Aquí aparecen los dos conceptos básicos de la naturaleza y la conciencia, donde la conciencia no es otra cosa que el corazón oyente de Salomón, como razón abierta al lenguaje del ser. Si bien esto pareció aclarar la cuestión del fundamento de la legislación hasta la época de la Ilustración, la declaración de derechos humanos después de la Segunda Guerra Mundial y en el diseño de nuestra Ley Fundamental, en el último siglo la situación ha cambiado dramáticamente. La idea de la ley natural se considera ahora una doctrina específicamente católica, algo sobre lo cual no vale la pena discutir fuera del ámbito católico, por lo que uno casi se avergüenza de mencionar el asunto.

Después de oír estas palabras comprenderán por qué cité tan extensamente a Benedicto XVI. Lo que dijo también es un llamado a los cristianos de nuestra sociedad para que vuelvan a adoptar una postura más vigorosa y arrojada.

Hemos visto que la legislación y la jurisprudencia, impulsadas por una corriente materialista transitoria en la opinión pública, se ocupan principalmente de los problemas accidentales del ser humano. Pero tenemos que ceñirnos a lo esencial y esperamos de esta manera como cristianos ser útiles a nuestra patria hablando con la mayoría solo cuando está en la verdad, y profesando en cambio la verdad cuando está en contradicción con la mayoría. Porque eso lo ampara nuestra Ley Fundamental, en la que uno debería poder sentirse cómodo, sea católico o ateo. Lo que se necesita, en una sociedad en la que el relativismo y el rechazo de las verdades religiosas se consideran de buen tono, es hacer espacio a otra verdad, a otra perspectiva, a un concepto alternativo del ser del hombre. La Iglesia siempre ha ofrecido esto a lo largo de los siglos.

Por lo tanto, esta mirada a la dignidad humana y a las garantías de nuestra Ley Fundamental con visión de futuro también me anima a apelar a mis hermanos y hermanas cristianos aquí en Alemania para decirles que, por encima de todo, los cristianos deben volver a ser cristianos. Por el bien común de todos los hombres y de toda la sociedad secular, la Iglesia debe encontrar el camino de regreso a sí misma y a su tarea salvífica original. Y debe hacerlo por más que a menudo se extravíe debido a disputas en su propio seno, de las que incluso muchos obispos claramente ya no pueden librarse, comportándose a la vista de los confusos feligreses como si fuesen políticos de partidos rivales que tratan de ganar las próximas elecciones, y ya no pastores del rebaño que Cristo confió a los profetas de la verdad.

Aquí también nos encontramos en una encrucijada.

Por lo tanto, permítanme compartir un pensamiento más con ustedes y así ampliar el círculo de destinatarios para incluir a mis hermanos y a muchos otros que escucharán lo que aquí se dice.

Si reconocemos que nuestra comprensión de la dignidad humana se origina en el comienzo de nuestra historia, en la autorrevelación bíblica del Creador a cuya imagen y semejanza estamos hechos, entonces, después de este Alfa, debemos preguntarnos hoy también por el Omega de la dignidad humana. Esto significa que debemos indagar sobre el fin y la meta de nuestro bien cultural distintivo, que solo podemos entender como un regalo del cielo. Esto es, debemos indagar sobre el objetivo de nuestra pastoral.

Antes que nada, por formar parte del credo genuinamente cristiano, este Omega incluye la creencia en la Encarnación de Dios. Es decir, creemos que como seres humanos no solo fuimos creados a imagen y semejanza de Dios, sino que Él finalmente se nos mostró. Eso en sí mismo es algo increíble y provocativo desde el punto de vista de cualquier otra religión y cultura. Porque eso significa que no solo creemos que fuimos modelados y formados a la imagen de Dios, sino que Dios también se reveló corporalmente en Jesucristo como arquetipo divino de todos, y que por boca de Jesucristo aprendimos dónde y cómo podemos buscarlo y encontrarlo, a Él y a su Padre.

Por eso la parábola del Juicio Final en el Evangelio según Mateo (*Mateo* 25, 31-46) pasa por ser tuétano y hueso de todos los tiempos, donde leemos cómo «en su gloria el Hijo del hombre» reparte los bienes de su reino en herencia a quienes entiende que son «agradables a Dios». Lo explica de la siguiente manera: «Porque tuve hambre y me disteis de comer, tuve sed y me disteis de beber, fui forastero y me hospedasteis, estuve desnudo y me vestisteis, enfermo y me visitasteis, en la cárcel y vinisteis a verme».

Pero le preguntan: «Señor, ¿cuándo te vimos con hambre y te alimentamos, o con sed y te dimos de beber?; ¿cuándo te vimos forastero y te hospedamos, o desnudo y te vestimos?; ¿cuándo te vimos enfermo o en la cárcel y fuimos a verte?». Entonces el Rey les dice —y también nos lo dice a nosotros— sencillamente esto: «En verdad os digo que cada vez que lo hicisteis con uno de estos, mis hermanos más pequeños, conmigo lo hicisteis».

Con el objetivo de ser imagen de Dios, Dios se identifica y se muestra no solo con las personas en general, sino entre nosotros principalmente con los marginados, con los hambrientos y sedientos, con los extranjeros, los desnudos, los pobres, los enfermos y los presos, en fin: con los últimos de la fila. Por eso Europa ha estado plagada de encrucijadas de caminos durante siglos, frente a las cuales la gente miraba a Dios como alguien que fue torturado y atormentado. Entre las personas que fueron creadas a imagen de Dios, Jesús se identificó con el más pequeño de ellos, con las víctimas, antes de que Él mismo, finalmente, se dejase crucificar a modo de sacrificio supremo. Nada de esto que les cuento les resultará novedoso; ciertamente, no lo es.

Pero en última instancia se trata de algo incomprensible. Solo podemos maravillarnos ante ello. Cuando nació Jesús, aprendimos por primera vez lo que significa ser creado a imagen y semejanza de Dios. Pudimos ver ante nosotros esta semejanza en toda su radicalidad: en un recién nacido indefenso, que viajaba a una tierra extranjera, sin lugar en el que cobijarse, con unos padres que pronto tuvieron que huir, con el Niño, lejos de la arbitrariedad del tirano Herodes. Cualquiera que quiera entender qué representa la «C» en las siglas de los partidos que se hacen llamar cristianos tiene que mirar al pesebre, donde el llanto del recién nacido ya nos susurra al oído en Belén: «¡Dios es el más pequeño!». Esta incomprensible humildad del Más Grande es una preciosa inscripción en el mundo mediante la cual, tras una serie de catástrofes para la humanidad, la dignidad humana pudo ser declarada inviolable.

Quien quiera entender por qué incontables personas que atraviesan dificultades huyen a Europa y no a China o a Emiratos Árabes Unidos, debe mirar a ese niño, a quien debemos la base más importante de nuestro mundo cristiano, que adoptó una forma peculiar trasladada a sus sistemas sociales, a su voluntad de libertad y a la exigencia de que la dignidad humana fuese inviolable.

No hace falta decir que este es un mundo en constante amenaza; siempre ha sido así y siempre lo será. Personalmente, considero más amenazante que todos los peligros de la vigilancia digital y la inteligencia artificial la noticia de que el peor insulto que se escucha ahora en los patios de recreo de las escuelas alemanas es el de «¡víctima!». En realidad, no sorprende, es natural, puesto que nuestro corroído mundo trata una y otra vez y casi automáticamente de mutar a su estado original de darwinismo social. Poco se puede hacer legislativamente o en los tribunales para contrarrestar estas leyes, aparentemente tan inexorables como las leyes de la gravedad.

Lo cual me lleva al último punto de mis deliberaciones.

Esencialmente, depende de la propia Iglesia sacar a la luz su núcleo más íntimo, no solo por sí misma, sino ante todo por el bien común. La Iglesia católica y sus hermanas y hermanos protestantes están haciendo grandes cosas, con un ánimo ecuménico ejemplar, en el amplio campo de la caridad. No vamos a cejar en eso, porque es correcto y bueno. Sin embargo, la Iglesia no puede tener éxito en la última de sus reformas necesarias volviéndose aún más social, aún más caritativa o incluso más adaptada al espíritu de la época, ni siquiera tras una revisión general de su estructura según diferentes modelos congregacionales, sino únicamente si con sus dos mil años de experiencia y toda su fuerza e imaginación se conduce de nuevo a sí misma y a sus fieles al momento crucial de la existencia. Ese momento es el de nuestra entrada en la vida eterna, cuya divina puerta el Hijo de Dios crucificado abrió de una vez por todas cuando resucitó de entre los muertos en Jerusalén.

En este contexto, quisiera recordar a quienes consideran que esto es ilusorio, poco mundano o etéreo, el opio del pueblo u otra droga parecida, el incendio de la catedral Notre Dame de París, que hace unas semanas nos conmovió a todos, no solo a los franceses sino al mundo entero, como una señal de advertencia. Si miles de personas quedaron profundamente conmocionadas por estas imágenes es porque sospecharon o sintieron que no solo ardía un hermoso edificio antiguo, sino también parte de nosotros mismos y de lo mejor de nuestra historia.

Al mismo tiempo, este fuego también recordó la fascinación con que la gente debió contemplar cómo se erigían estas preciosas catedrales en París, en Chartres y en tantas otras ciudades, con sus magníficos rosetones, coloridos como un caleidoscopio celestial. Los constructores de estas maravillas del mundo, como la mayoría de los residentes de París y en todas las demás ciudades de Francia, todavía vivían en chozas oscuras y estrechas casas de madera, a las que regresaban por la noche al acabar su faena. Es difícil concebir un contraste mayor que el existente entre la realidad cotidiana de estas personas y las maravillas de aquellas casas de Dios que construían. También tienen que saber esto: las dos torres occidentales de Notre Dame en París, como las torres de la catedral de Chartres y casi todas las catedrales góticas, son prominentes campanarios. Y lo más significativo de todo, comenzando con la primera catedral gótica en Saint Denis, cerca de París: todas estas catedrales tienen pórticos. De modo que estas nuevas casas de Dios fueron construidas nada menos que como puertas a la Jerusalén celestial. Esto es: cada vez que los fieles cruzaban sus umbrales, se adentraban en el Paraíso en la tierra. Estas catedrales no solo eran instrumentos preciosos para celebrar los banquetes celestiales de la Eucaristía y para escuchar la Palabra de Dios. También eran intersecciones materiales entre el cielo y la tierra, en las que los cristianos del pueblo de Dios se acercaron ya con todos sus sentidos a la eternidad. Por eso, cuando la catedral ardió, involuntariamente se me pasaron por la cabeza las palabras de mi paisano de Baden, Karl Rahner, con las que el elocuente y visionario jesuita declaró hace más de cincuenta años que «el cristiano del futuro será místico o no será cristiano».

Ese futuro ya está aquí. Pero si esta idea de Rahner se pierde casi por completo en las iglesias de hoy, en los contratiempos políticos y teológicos de nuestra Iglesia, en los esfuerzos para optimizar los procedimientos y en los caldeados debates sobre todo tipo de temas controvertidos o en los siempre nuevos intentos de encontrar palabras que ayuden a resolver problemas sin solución, a nadie debería sorprender entonces que nuestras iglesias se estén vaciando del abrumador modo en que estamos viendo. Todo esto ocurre no en beneficio, sino en detrimento de la sociedad en su conjunto, o como dijo el arzobispo de Colonia, el cardenal Rainer Woelki, en marzo pasado: «La alternativa a la que nos enfrentamos es, expresado epigramáticamente, deshacer la secularización de la Iglesia o descristianizar el mundo, al menos en la parte del mundo en la que vivimos los alemanes». Esta crisis no la produce, dice el cardenal Woelki, un «tradicionalismo irreflexivo» o en un anhelo por el pasado. «El camino de la Iglesia solo puede conducir al futuro y no al pasado, pero solo habrá futuro si la Iglesia recuerda a Cristo, si vuelve a Él en el punto en que lo perdió de vista», concluye.

Es poco probable que los cristianos católicos y protestantes construyan nuevas catedrales en nuestros días. Más esenciales que las catedrales de piedra, sin embargo, son las de piedra viva, porque son los creyentes los que dan testimonio en su vida cotidiana. Ellos y sus pastores tienen que volver a llegar radicalmente al cielo y a la eternidad, prepararse para esa Segunda Venida de Cristo que profesan en el credo que comparten, para que la Iglesia vuelva a brillar y fascine, no para hacer prosélitos, sino para ser la sal de la tierra para la sociedad entera, un polo que atraiga y desarbole en contraste con el resto del mundo. Y lo que no debe hacer es asimilarse aún más al resto del mundo.

Algo más que la Iglesia perecerá si no se orienta ella misma y orienta a sus creyentes según esta dimensión última. Por supuesto, la Iglesia nunca perecerá, gracias a Dios. Por eso tampoco perecerá nunca nuestro objetivo permanente, nuestra misión, que es encontrarnos finalmente con Dios, a quien debemos nuestra dignidad, y hacerlo «cara a cara», como dice Pablo (*Corintios* 13, 12).

Por tanto, en cuanto a «la relación diferente y pacífica entre el Estado y la Iglesia» que el cardenal Karl Lehmann analizó aquí en junio de 2007, la Iglesia de hoy no puede aportar nada más y nada mejor que esto: hacerse más cristiana y más eclesial.

Por supuesto, esto es más fácil de decir que de hacer. No obstante, no hay alternativa a este camino, por el bien de todos nosotros y por el bien de la sociedad entera. «La dignidad humana es un subjuntivo»; así es como el humorista Wiglaf Droste, fallecido en abril, expresó una vez su escepticismo hacia el futuro con palabras crípticas y secas. Puede que sonase gracioso, pero fue en realidad muy amargo. Con toda seriedad, le respondemos a él y a todos los demás escépticos de la dignidad humana al finalizar, pero una vez más de forma clara y rotunda: no, la dignidad humana no es un subjuntivo, no es una forma de posibilidad. ¡La dignidad humana es un indicativo, una forma de realidad! Más aún: ¡es un imperativo! Y es inviolable.

Las madres y los padres de la Ley Fundamental de la República Federal de Alemania tenían razón y tuvieron la gran suerte de encontrar en esta fórmula la pieza central de la Ley Fundamental de los alemanes. Con todo, sabemos que esta dignidad llega a la perfección solo al final de los tiempos, como también el papa Francisco subraya una y otra vez, porque la categoría definitiva de la vida es la vida con Dios en la eternidad, cuyas puertas celestiales el Hijo de Dios crucificado ha echado abajo de una vez por todas al resucitar de entre los muertos.

Porque solo podemos buscar y encontrar el Alfa y la fuente de la dignidad humana en nuestra semejanza con Dios. Sin embargo, el Omega y la meta de la dignidad humana es la santificación de los seres humanos y su reposo en Dios por toda la eternidad. Este es el último horizonte ante el cual nuestra vida puede suponer un triunfo, y el horizonte según el cual las iglesias pueden y deben una vez más renovarse a sí mismas y al mundo entero que las rodea.

Este libro, publicado por
Ediciones Rialp, S. A.,
Manuel Uribe 13-15, 28033 Madrid,
se terminó de imprimir en
en Service Point (Madrid),
el día 25 de junio de 2021.